Claus Leggewie
Mut statt Wut

W0196153

Claus Leggewie

Mut statt Wut

Aufbruch in eine
neue Demokratie

 *edition* Körber-STIFTUNG

Bibliografische Information der Deutschen Nationalbibliothek

Die Deutsche Nationalbibliothek verzeichnet diese
Publikation in der Deutschen Nationalbibliografie;
detaillierte bibliografische Daten sind im Internet unter
http://dnb.d-nb.de abrufbar.

© edition Körber-Stiftung, Hamburg 2011

Umschlag: Groothuis, Lohfert, Consorten|glcons.de
Coverfoto: Getty Images/Caspar Benson
Herstellung: Das Herstellungsbüro, Hamburg |
buch-herstellungsbuero.de
Druck und Bindung: CPI – Clausen & Bosse, Leck
Printed in Germany

ISBN 978-3-89684-084-4
Alle Rechte vorbehalten

www.edition-koerber-stiftung.de

Inhalt

Gebrauche Deine Zeit!

»Du, lass dich nicht verbrauchen,
gebrauche deine Zeit.
Du kannst nicht untertauchen,
du brauchst uns und wir brauchen
grad deine Heiterkeit.«

Wolf Biermann, Ermutigung, 1968, 4. Strophe

Wir werden allen Mut zusammennehmen müssen. Das Ende der Welt, wie wir sie kannten, erfordert private wie gemeinschaftliche Entscheidungen von oftmals atemberaubender Tragweite und mit völlig ungewissem Ausgang: Finanzmärkte müssen gebändigt, Klimakrisen begrenzt, die Vertrauenskrisen der Politik gemeistert und Europa muss gerettet werden. Dabei tun sich neue Möglichkeiten auf, doch die Größe, die Globalität und die Gleichzeitigkeit der Herausforderungen lassen viele verzagen. Das Leben ändern!? Vielleicht. Aber erst den Apfelbaum pflanzen oder ein Elektro-Auto anschaffen. Das ist nur zu verständlich. Wer jedoch kommende Generationen im Auge hat, wer selbst für Kinder und Enkel sorgen möchte, kann sich diese Rückzugshaltung nicht leisten. Und gerade entdecken viele einen Wagemut, den sie sich kaum noch zugetraut hätten: Eine andere Welt bleibt möglich.

Im germanischen Wort *mut* steckten viele Gemütslagen – edles Streben und tiefe Bitterkeit, Hochmut und Überschwang genau wie Zorn und Mannesmut vor Herrscherthronen. Wenn heute von Mutbürgern die Rede ist, die selber anpacken und sich ums Gemeinwesen kümmern, liegt der Wutbürger jedenfalls etymologisch noch recht nah, und diese semantische Verwandtschaft bestimmt Qualität und Richtung des globalen demokratischen Aufbruchs. In Deutschland stehen dafür die auch international wahrgenommene Protestbewegung gegen den Umbau des Stuttgarter Hauptbahnhofs (Stuttgart 21) und die Wahl des ersten grünen Regierungschefs Winfried Kretschmann im März 2011. Bei allem Respekt für den zähen Kleinkrieg am Neckar: Es gab noch Weltbewegenderes. Von Portugal bis Griechenland und Israel, von Marokko bis in den Iran standen Millionen und vor allem junge Menschen auf gegen schreckliche Autokraten und glücklose Demokraten.

Wutbürger war 2010 das »Wort des Jahres«. In ihm sahen Kritiker die Bannerträger der »Dagegen-Republik« (SPIEGEL), die sich nicht nur einem Anachronismus von Bahnhof entgegenstellen würden, sondern genauso borniert Windparks und anderen Großprojekten der Energiewende. Gegen dieses oberflächliche Pauschalurteil erhoben andere den Wutbürger zum »Unwort des Jahres«. Sie konnten in den Protesten keine schroffe Verweigerung erkennen, sondern wohldurchdachten Widerstand gegen unsinnige Infrastrukturen und die Keime eines verantwortlichen Engagements für eine bessere Zukunft.

Dahinter beginnen die Mühen der Ebenen. Das ist das Thema dieses Buches: Wie sich wütender, oft brennender Protest für eine nachhaltige Demokratie zivilisieren lässt. Wie kann sich eine bewährte Verhinderungsbewegung grünen Protests in eine lernfähige Bereitstellungsbewegung verwandeln, die von der Abwendung des Schlimmsten auf die Ermöglichung des Notwendigen umstellt? Wird sich der Kiez unserer zahlreichen Betroffenheiten in einen weitblickenden Kosmopolitismus weiten? Wie also wird aus Wut am Ende: Mut?

Dem zwitterhaften Mut-/Wutbürger (die Bürgerin nicht zu vergessen) möchte ich in zehn Schritten nachgehen. In ihm sehe ich ein starkes Hoffnungszeichen gegen den vermeintlichen Realismus der Buchhalter und Bedenkenträger, gegen Pfadabhängigkeiten und Vetospieler des alten Industrieregimes, auch gegen das fade Menschenbild des Homo oeconomicus, für den stets, so fett er schon sein mag, erst das Fressen kommt und dann die Moral.

Die Ambiguität bleibt freilich. Der Aufbruch der Bürgergesellschaft und diese selbst haben dunkle Seiten, die es stets zu bedenken gilt – das Ressentiment, den Egoismus, die Gewalt(-fantasie). Die Unruhen 2011 in Großbritannien kann man in den Zyklus von Jugendprotesten als Ausbrüche des Mobs einstufen, der sich sein Mütchen an seinesgleichen kühlt, aber auch als gewalttätige Rache der Ausgeschlossenen an einem durchgedrehten Finanzkapitalismus werten, der die Zukunft der Jugendlichen nicht nur in Birmingham und Tottenham für Gier und Luxus der *happy few* verscherbelt hat.

Derzeit sortiert sich offenbar etwas, ähnlich wie der italienische Kommunist Antonio Gramsci die Lage der Welt einmal umschrieben hat: »Die alte Welt liegt im Sterben, die neue ist noch nicht geboren: Es ist die Zeit der Monster.« In der Unruhe des Übergangs nach dem Ersten Weltkrieg stellte er die zentrale Frage nach der Hegemonie: Wer herrscht, wer führt – und wer nicht mehr? Und ist die liberale Demokratie fähig, diese Herkulesaufgabe zu leisten? Anders als es interessierte Fehlinterpretationen unterstellen, bin ich davon überzeugt, dass nicht weniger, sondern mehr Demokratie die Losung ist. Aber auch die Demokratie, wie wir sie kannten, durchläuft eine Bewährungsprobe, ob nämlich freiheitliche Gesellschaften ihre Zukunftsblindheit überwinden und ernsthaft Verantwortung für Freiheit und Ökologie wahrnehmen werden. Diese Herausforderung richtet sich nicht an ein abstraktes politisches System, auch nicht in erster Linie an »die Politik«, wenn damit Berufspolitiker und Ministerialbeamte gemeint sein sollen. Sie richtet sich vor allem an die Bürger selbst.

Was kann man von ihnen verlangen, darf man ihnen überhaupt etwas abverlangen? Die Parole des Obrigkeitsstaates lautete: Ruhe ist die erste Bürgerpflicht. Unterwürfige Loyalität, im Ernstfall die Hingabe des Lebens im Kriegsdienst wurden erwartet. Der liberale Staat hat solche Zumutungen zurückgeschraubt und zeigt selbst bei massiver Steuerhinterziehung große Milde. Die allgemeine Wehrpflicht wurde aufgehoben, Sicherheitsdienste privatisiert. Nur beim GAU, wie in Fukushima, muss der postheroische Staat dann seine Helden zwangsverpflichten wie seinerzeit die Sowjetunion in Tschernobyl, oder er toleriert nachhaltige Anomie wie in New Orleans nach dem Hurrikan Katrina. Wäre angesichts dieser unschönen Perspektive freiwilliges Engagement nicht erste Bürgeraufgabe?

1. Entwöhnung

No, we can't?

Demokratie heißt nach der kompakten Formel aus der Totenrede Abraham Lincolns in Gettysburg: Herrschaft des Volkes für das Volk und durch das Volk. Mit »Wir, das Volk« hebt die amerikanische Verfassung an, »Wir sind das Volk!« schallte es auch 1989 über Plätze und Straßen der DDR. Die meisten von uns wüssten freilich gar nicht (mehr), wie sie demokratische Mitwirkung jenseits des Gangs zur Urne und einer eher gefühlten Partizipation vorm Bildschirm konkret anstellen sollen. Via Fernsehen und Internet sind wir zwar bei vielem hautnah und in Echtzeit dabei, die Menschheit war weltweit wohl noch nie so gut informiert wie heute. Und bald jeder kann mit ein paar Klicks in das World Wide Web hinein kommunizieren, intervenieren, skandalisieren. Aber wie man einen politischen Prozess in Echtzeit beeinflussen und mitbestimmen kann, welche Mittel und Rechte man hat, das haben wir großenteils verlernt. Und wie man einer gerechten Sache zum Durchbruch verhilft und unerwünschte Folgen abwendet, wie man Gleichgesinnte findet, sie nach Misserfolgen bei der Stange und sich selbst bei Laune hält. Interessanterweise wartete eine Titelgeschichte der ZEIT (»Mitmachen. Warum nicht?«, ZEIT, 30.09.2010) mit einem Test »Wie politisch bin ich noch?« auf, der 44 *Wissens*-Fragen enthielt – kaum *Praxis*-Fragen.

In scheinbar gesicherten Verhältnissen haben wir, das Volk, oft vergessen, wie Demokratie als Herrschaftsform funktioniert und vor allem als Lebensform ausgeübt wird. Andere, die ihre Freiheiten gerade erst genießen können oder noch um sie kämpfen müssen, wissen Demokratie mehr zu schätzen. Gut dass zum Beispiel jemand, der sich in Weißrussland zusammenschlagen lassen muss, weil er schlicht sein Grundrecht auf freie Meinungsäußerung wahrnimmt (oder dem großmäuligen Diktator Lukaschenko ironisch Beifall klatscht), von unserer Demokratiemüdigkeit nicht weiß.

Beeindruckt hat mich diesbezüglich eine Einlassung von Toomas Hendrik Ilves, dem estnischen Staatspräsidenten. Auf die Frage einer deutschen Journalistin, warum Estland im Tumult der Eurokrise den Euro einführt, antwortete er: »Wir waren von der Sowjetunion besetzt, deshalb.« Wie bitte, fragte die Reporterin ungläubig nach, es lasse sich doch keiner ins Portemonnaie greifen, weil er als junger Mensch nach Sibirien deportiert worden sei. Ilves darauf ganz cool: »Im Ernst, die Leute bei uns empfinden das als Preis, den sie für den Frieden zahlen müssen – und zu zahlen bereit sind. Wir kennen die Segnungen der Demokratie und der Marktwirtschaft noch nicht lange, und wir sind eher bereit zu sparen. Ich nehme an, dieses Gefühl hat in Deutschland in den fünfziger Jahren vorgeherrscht, nach dem Krieg. Aber andere Staaten haben diese Demut längst verlernt, sie sehen nicht ein, warum sie ihr Verhalten ändern sollen, das doch so lange funktioniert hat.« (SZ, 02.05.2011)

Glanz und Gloria der Demokratie ...

Athen, die Hauptstadt eines bankrotten Euro-Landes, ist heute ein unwahrscheinlicher, aber immer noch passender Ort, um den Ursprung und den Kern der demokratischen Idee in Erinnerung zu rufen. Der Althistoriker und Zeitdiagnostiker Christian Meier hat für die Entstehung, den Aufschwung und das Überdauern der Politik im Allgemeinen und die demokratische Idee im Besonderen eine Potenz ausgemacht, die er Könnensbewusstsein nennt. Damit umschreibt er die Fähigkeit, ohne Rückgriff auf höhere Mächte, seien sie nun geistlicher Natur (Götter und Dämonen) oder weltlicher Provenienz (Aristokraten und Tyrannen), sein Schicksal in die eigene Hand zu nehmen und den öffentlichen Angelegenheiten eine institutionelle Form zu geben, damals die Volksversammlung der attischen Polis.

Hannah Arendt hat diesen Gedanken des Anfangenkönnens für moderne Gesellschaften, die ob ihrer Größe nicht mehr allein auf Volksversammlungen zurückgreifen können, ähnlich formuliert. In einem ideengeschichtlichen Vergleich der Amerikanischen und der Französischen Revolution strich sie insbesondere Erstere als ein Beispiel dafür heraus, dass Menschen vermögen, einen Neuanfang zu initiieren. Die Gründung der Freiheit muss und darf nicht auf überkommene Autoritäten und transzendente Wahrheiten zurückgreifen, (flüchtige) Macht beruht in ihrer von der »realistischen« Schule abweichenden Sicht auf dem kommunikativen Handeln von Menschen. Gewalt mag hier und da ein opportunes Mittel zur Befreiung gewesen sein, aber wo sie auf Dauer gesetzt und zur systematischen Terreur wird, zerstört sie den Raum der Freiheit, der Meinungsvielfalt und der kulturellen Differenz, von denen die Demokratie lebt.

Diese Sichtweise ist alles andere als antiquiert. Arabellion, die von Marokko bis an den Golf reichende Demokratiebewegung, hat diese schon ins Abseits geratene Idee des Politischen als Anfangenkönnen erneut bestätigt. Nur ein exemplarisches Zeugnis des Schauspielers und Theaterregisseurs Ahmed el Sayed aus den ersten Tagen des Umbruchs in Kairo soll das belegen: »Als Schauspieler und Künstler hat uns bewegt, dass wir plötzlich etwas verändern konnten. Früher wurden wir verhaftet, sobald wir etwas gegen das Regime gesagt haben. Nun spüren wir eine riesige Energie, die sich immer weiter ausbreitet.« (SZ, 19.05.2011)

Plötzliche Energie: Viele fühlten sich durch den demokratischen Aufbruch in der arabischen Welt an den Fall der Mauer 1989 erinnert. Schon die samtene Revolution in Ostmitteleuropa, mit ihren Bürgerkomitees und Runden Tischen, war ein glänzendes Beispiel für die ungeahnte Kraft einer Bürgergesellschaft, altersschwachen Autokraten und Geheimdiensten Handlungsspielräume und Bürgerrechte abzuringen. Zwanzig Jahre danach gelang das der von Tunesien ausgehenden Jasmin-Revolution, wo die Macht der Bajonette, der

Spitzel und Schergen, der mafiaartigen Dynastien unter dem Einbruch des Unvorhersehbaren und Unberechenbaren ebenfalls zerfiel. Macht kommt nicht, wie es ein politisches Naturgesetz zu sein scheint, aus den Apparaten der Bürokratie, aus den Gewehrläufen der Armee und Polizei oder allgemein aus den Manifestationen von Staatlichkeit, »Macht«, so Hannah Arendt, »entspricht der menschlichen Fähigkeit, nicht nur zu handeln oder etwas zu tun, sondern sich mit anderen zusammenzuschließen und im Einvernehmen mit ihnen zu handeln. Über Macht verfügt niemals ein Einzelner; sie ist im Besitz einer Gruppe und bleibt nur solange existent, als die Gruppe zusammenhält.« (Arendt 1970: 45)

... und das Elend der Postdemokratie

Es ist betrüblich, dass diese große Tradition heute vielen wie eine Sonntagsrede klingt. Freiwillig haben wir alle Macht in die Berufspolitik und ihre Kommunikationsabteilungen abgegeben und sind mitverantwortlich, wenn die Glaubwürdigkeit der politischen Eliten und das selbstverständliche Vertrauen geschwunden sind, Berufspolitiker würden das Volk im Großen und Ganzen ordentlich vertreten. Aus der unverkennbaren Politikverdrossenheit, der Distanz namentlich zu den etablierten Parteien, ist bisher kein tiefer gehender Demokratieverdruss geworden, geschweige denn der ausdrückliche Wunsch nach einer autoritären Alternative. Weltweit ist eher das Gegenteil feststellbar: Der Generaltrend heißt nicht autoritäre Konsolidierung, wie es in der arabisch-islamischen Welt oder in der Volksrepublik China unumstößlich zu sein schien, sondern fortgesetzte Demokratisierung, oft freilich (noch) ohne solide normative und institutionelle Grundlagen. Seit Anfang der 1990er-Jahre hat sich die Zahl der Demokratien um über 50 Prozent erhöht hat, von 48 im Jahr 1989 auf 77 im Jahr 1994. (Marshall/Cole, 2009)

Gleichzeitig schwindet in den klassischen Kernländern westlicher Demokratie aber der *political support*, die Unterstützung der Repräsentanten, zum Teil auch der Institutionen der liberalen Demokratie. In Deutschland ist das vor allem in den neuen Ländern der Fall, aber nicht nur da wird kräftig auf die Demokratie geflucht. Indikatoren sind der (bis auf die Partei der GRÜNEN) durchgängige Mitgliederschwund und die Überalterung der Parteien, nachlassende Beteiligung an Wahlen und Abstimmungen, der Mangel an (qualifizierten) Kandidaten und vor allem Kandidatinnen für Wahlen sowie starke Affekte, ja Hassgefühle gegen die »politische Klasse«.

Die Phänomene sind seit Langem bekannt, die tieferen Ursachen dafür dürften weniger in der Charakterschwäche dieses oder jenes Politikers zu suchen sein als in der personalisierten Spiegelung des Umstands, dass die nationalen Wohlfahrtsstaaten objektiv oder dem Anschein nach immer weniger liefern können, wofür sie zuständig sind oder sich gemacht haben: soziale Sicherheit und Aufwärtsmobilität, wirtschaftliches Wachstum und Wohlstand, Schutz vor Katastrophen und Sicherheit von Leib und Leben. Das Stakkato der Großkrisen in den vergangenen Monaten und Jahren hat das Vertrauen in die Fähigkeit der Staatenlenker, allen voran des abgestürzten

Hoffnungsträgers Barack Obama, schwinden lassen, dass sie mit den gigantischen Problemen der Weltgesellschaft fertigwerden: mit der Finanz- und Weltwirtschaftskrise, mit der Prävention gefährlichen Klimawandels, mit den Folgen von Naturkatastrophen, mit der Energiewende und der Reparatur maroder Infrastrukturen, mit der Terrorabwehr, dem demografischen Wandel, der Kostenexplosion der Gesundheitssysteme und der Jugendarbeitslosigkeit.

All das vollzieht sich gleichzeitig, während die fiskalischen Ressourcen der Staaten schrumpfen und ihre Steuerungsfähigkeit spürbar an handwerklichen Fehlern und eklatanten Vollzugsdefiziten der Gesetzgebung, merklich nachlassen. Staatsquote und Sozialausgaben (und damit die steuerliche Belastung der Leistungsträger) bleiben hoch, die Interventionskapazität staatlicher Apparate gerade bei Problemen globalen Ausmaßes (und welche sind eigentlich noch lokal und hausgemacht?) sinkt. Zugleich steigt noch das Anspruchsniveau derjenigen, die zu kurz gekommen sind (oder sich so fühlen).

Problematisch erscheinen hier vor allem drei objektive Faktoren:

1) die wachsende soziale Ungleichheit vieler entwickelter Gesellschaften, die sich nachweislich ungünstig auf die Möglichkeiten und die Bereitschaft zur Beteiligung auswirkt,

2) die Entmutigung bürgerschaftlichen Handelns durch autoritäre Setzungen der globalen Ökonomie, die mit Exzessen individuellen Wettbewerbs und einer

17

schamlosen Gier die zivile Kultur der Kooperation,
Verantwortung und Solidarität unterminiert und zum
Beispiel mit jeder Kontrolle entzogenen Ratingagenturen
politische Instanzen unterläuft und entmachtet,

3) die fast schicksalhafte Verkoppelung wohlfahrts-
   staatlicher Systeme mit dem Paradigma quantitativen
   Wirtschaftswachstums, das mit unangemessenem
   Ressourcenverbrauch die natürlichen Grundlagen
   demokratischer Gesellschaften aushöhlt und ihre
   Zukunft gefährdet.

Dazu passt schlecht das Omnipotenzgehabe vieler politischer
Repräsentanten, die meinen, so tun zu müssen, als ob sie
alles fest im Griff hätten – was bei Phänomenen wie einem
atomaren Super-GAU oder der periodischen Aufstockung von
Rettungsfonds ganz offensichtlich nicht der Fall ist. Das Publikum ist im Durchschnitt rasch über alles informiert und kann
sich bei politischen Talkshows der Illusion hingeben, politischen Debatten und Entscheidungen beizuwohnen – es sieht
das Zucken der Mundwinkel einer Kanzlerin, lauscht den Be-
schwichtigungen eines übermüdeten Finanzministers, macht
sich lustig über die feixende Gestik des einen Volksvertreters
und feixt seinerseits über sexuelle Eskapaden oder erschwin-
delte Doktorhüte des anderen. Selbst Staatsoberhäupter machen sich lächerlich, wenn sie für die Fotografen Shakehands
posieren und für die Anmoderation ihres Statements den Cat-
walk laufen. Je mehr Öffentlichkeit die PR-Büros inszeniert
haben, desto tiefer ist das Ansehen des politischen Personals

und der Respekt vor der Berufspolitik gesunken – und desto gereizter fordert man sich gegenseitig auf, sie möge endlich »liefern«, wie es der FDP-Chef Philipp Rösler gern ausdrückt. Zwischen der Realsatire des politischen Betriebs und seiner Persiflage in der »heute-Show« bestehen *prima facie* keine großen Unterschiede mehr.

Handwerk der Politik

Damit endet nun aber die Politikerschelte. In diesem Buch geht es darum, dass es uns Bürgern ja selbst an »Demokratiekompetenz« gebricht, wie es die Experten der politischen Bildung etwas gespreizt ausdrücken. Diese Fertigkeit kann man sicher keinem PISA-Test unterwerfen wie Lese- und Mathematikkompetenzen, der politische Handwerker lernt by Doing, wobei meist viel trivialere Projekte als Stuttgart 21 zu bearbeiten sind, für die man nicht »in die Medien« kommt. Für die Belebung der Demokratie bedarf es sicherlich institutioneller Reformen, auf die ich noch ausführlich zu sprechen komme; diese setzen aber bei jedem einzelnen Bürger an. Der hat heute allerbeste Voraussetzungen, »Demokratie zu machen«: ein historisch hohes formales Bildungsniveau, ungehinderter Zugang zu Informationen aller Art, computermediale Produktionsmittel, ein gehöriges Wohlstandsniveau und, bei allem Stress an Arbeits- und Feiertagen, viel freie Zeit.

Die Forderung nach »mehr Engagement« richtet sich oft an die Adresse von Schülerinnen und Schülern, an Heranwachsende und junge Erwachsene und kritisiert deren Konsum-, Medien- und Kommunikationsverhalten. Zielen sollte man lieber auf die Alterskohorte zwischen 35 und 45, von der man herkömmlich das größte Zeitbudget für politisches Engagement erwarten durfte. Oder auf Studierende, die historisch immer wieder »mehr Demokratie« reklamierten, und generell auf die Protagonisten der zahlenmäßig starken Nachkriegsgeneration der Babyboomer, die nach sechs Friedens- und fünf Wohlstandsdekaden ruhig mehr Engagement und Erfahrung zurückgeben könnten.

Schülern stellt man, wenn dafür im G8-Stress die Zeit bleibt, die Funktionsweisen von Politik, Rechtsstaat und Verwaltung und die normativen Grundlagen der Demokratie dar, welche die ersten Artikel des Grundgesetzes durchziehen. Beides ist unabdinglich – ohne Wissen über Regelwerk und Mechanik des politischen Betriebs und ohne Einsichten in Grundfreiheiten und Menschenrechte kann niemand Politik machen. Jedoch bleibt diese Staatsbürgerkunde oft ganz unverbunden mit dem, was die Adressaten, zumeist aus dem Fernsehen, vom politischen Normalbetrieb wahrnehmen; die praktischen Seiten beschränken sich meist auf die Einübung sozialen Verhaltens in der Schule oder die Bildung virtueller Gemeinschaften via Facebook und Twitter oder ein Stück NS-Bewältigung. Das heißt: Die Aktivierung der Schüler gerät selten auch nur in die Nähe einer Intervention in politische Realien, etwa im Umfeld der Schulen, in dem sie doch verwurzelt sein sollten und »soziale Brennpunkte« aufgreifen könnten. An britischen Schulen ist eben *climate change* als Unterrichtsstoff abgesetzt worden, nicht weil das Ministerium an erklärte

Leugner des Klimawandels gefallen wäre, sondern weil man nach Auffassung der Richtlinien-Pädagogen Physik und Chemie nicht an Anwendungsfällen lernt, sondern allein anhand von Naturgesetzen und Formeln. So gleicht der Unterricht einem Kurs in Trockenschwimmen, und niemand lernt, was man unter womöglich radikal veränderten Umständen 2030 oder 2050 wissen und können sollte.

Eine Studie der Friedrich-Ebert-Stiftung hat jüngst ergeben, dass junge Menschen schon den Jargon der etablierten Politik nicht verstehen. (Friedrich-Ebert-Stiftung 2011) Auch die meisten Erwachsenen besitzen in politischen Fragen »zwei linke Hände«. Die wenigsten haben einen praktischen Zugriff auf Problemlösungen, die sie anstreben, oder gar auf Handlungsfelder, die ihnen verschlossen bleiben. Sie bleiben passive Zuschauer. Andere lernen nun aber wieder Politik. Sie beginnen Informationen zu sammeln und an bestimmte Adressaten zu verteilen, (Gegen-)Expertisen und kritische Webseiten zu erstellen, Versammlungen einzuberufen und vor großem Publikum das Wort zu ergreifen, auf der Straße, an Haustüren oder am Arbeitsplatz Unterschriften zu sammeln und Petitionen zu formulieren, Demonstrationen zu organisieren, Widerspruch und Klage bei Gerichten einzureichen, als Bürgerexperten aufzutreten, Straßen zu blockieren, an Mediationen teilzunehmen und so weiter.

Gerade an so handwerklichen Fragen entscheidet sich, ob und warum Demokratie noch die überlegene Herrschafts- und Lebensform ist. Wenn ich nur noch einmal grundsätzlich werden darf: Demokratie ist ihrem Wesen nach inklusiv, seit ihren Ursprüngen in der Antike hat sie immer mehr

Personenkreise zu gleichberechtigten Teilhabern erhoben. Demokratie vertraut auf die Mehrheit, obwohl diese gewaltig irren kann, also auf die »Weisheit der Masse«, neudeutsch: Schwarmintelligenzen. Der komparative Vorteil von Demokratien gegenüber einer Herrschaft Gottbegnadeter, von Experten oder Usurpatoren besteht in der besseren Bündelung von Präferenzen und Interessen, in der bestmöglichen Nutzung verteilter Intelligenz und, wie es Politologen ausdrücken, in der höchsten »Input-Legitimation« politischer Systeme. Gemeint ist damit, dass Bürger nicht Leistungen eines obrigkeitsförmigen Staates entgegennehmen, der diese nach Gutdünken verweigern kann, sondern dass sie Rechte haben und an ihrer Gestaltung und Ausrichtung souverän mitwirken. Damit bringen Demokratien die generelle Entkoppelung moderner Gesellschaften von Hierarchien zum Ausdruck und prämieren die moralischen Effekte öffentlicher Diskussion; beides sorgt für eine relativ starke Gemeinwohlorientierung jedes Einzelnen, der gleichzeitig die Chance besitzt, individuelle Interessen zu verfolgen und durchzusetzen.

Stuttgarter Lehrstück

Zurück zur Praxis, zum Handwerklichen. Auf dem Höhepunkt der Proteste gegen Stuttgart 21 gab es diesen »Arendt-Moment«: Da traute sich ein Sprecher, Pathetisches ins Mikrofon der Tagesthemen aufzusagen, nämlich wie überwältigt er davon war, was jetzt alles möglich sei. Ja, wir schaffen es. Vom

Himmel gefallen war dieses Gefühl der Selbstwirksamkeit sicher nicht. (Bandura 1977) Der Massenprotest gegen Stuttgart 21, das von der Deutschen Bahn mit dem Land Baden-Württemberg, der Landeshauptstadt Stuttgart und der Europäischen Union seit den 1980er-Jahren betriebene Projekt des Umbaus des Stuttgarter Kopfbahnhofs in einen unterirdischen Durchgangsbahnhof, ist hier ein probates Beispiel. Er begann nicht anders und versprach zunächst nicht mehr als der Protest unzähliger Bürgerinitiativen gegen Infrastrukturprojekte größerer und kleinerer Art. Es gibt wie gesagt Wichtigeres auf der Welt und in Deutschland als Stuttgart 21, aber was immer die Proteste am Ende bringen werden – sie waren eine exemplarische Lehrstunde der Demokratie.

Folgende Mittel wählten die Gegner der Bahnhofsverlegung:

- Wortergreifung Einzelner in einer Bürgeranhörung im Jahr 1997
- Sammlung von 67 000 Unterschriften für einen (dann vom Gemeinderat abgelehnten) Bürgerentscheid
- Demonstrationen im Jahr 2007, 2008 und 2009 mit wachsender Beteiligung
- Gründung (2007) und fachliche Fundierung der Bürgerinitiative K21 (zur Erhaltung und Modernisierung des Kopfbahnhofs Stuttgart)
- Einlegung von Widerspruch gegen den Bescheid des Stuttgarter Oberbürgermeisters Wolfgang Schuster vom 9. Januar 2008 gegen das Bürgerbegehren (abgelehnt)

- Beteiligung an der Kommunalwahl 2009, bei der eine knappe demoskopische Mehrheit der Wähler gegen das Bahnhofsprojekt war und die Wahlentscheidung vieler durch diese Ablehnung maßgeblich beeinflusst wurde, womit in Stuttgart die GRÜNEN, die Stuttgart 21 durchweg ablehnten, stärkste Fraktion wurden
- Klage der Projektgegner vor dem Verwaltungsgericht Stuttgart gegen die Ablehnung des Bürgerbegehrens (abgelehnt)
- rund 50 regelmäßige Montagsdemonstrationen 2009 und 2010;
- Bauplatz- und Bahnhofsbesetzungen 2010
- Mitwirkung einzelner Vertreter der Protestbewegung an den von Heiner Geißler (CDU) einberufenen Schlichtungsgesprächen
- Demonstrationen im Vorfeld der Landtagswahlen 2011
- Beteiligung an der Landtagswahl, in der die GRÜNEN stärkste Partei wurden und vier (von fünf) Direktmandate gewinnen konnten
- Fortsetzung der Proteste, als nach der Landtagswahl klar wurde, dass die Bahn (nach erfolgreichem Stresstest) zu bauen bereit, die Koalitionsregierung gespalten und ein harter Kern der Protest- und Umweltbewegung diese notfalls zu opfern bereit war.

Wie im Lehrbuch ist hier die gesamte Palette ausgebreitet, von der konventionellen Beteiligung (durch Wahlen und Abstimmungen) bis zur unkonventionellen Partizipation (durch Petitionen und Unterschriftensammlungen, Bürgerversammlung und Bürgerklage, Mediation und Schlichtung, Straßenprotest und Besetzung), das Instrumentarium also, das der Bürgergesellschaft jenseits von Parteimitgliedschaft und Ausübung des aktiven und passiven Wahlrechts zur Verfügung steht. Es sei nicht nur der Vollständigkeit halber erwähnt, dass dies natürlich auch für die respektablen Befürworter von Stuttgart 21 gilt, die jeweils donnerstags durch den Schlosspark liefen bzw. ihn mit Inlineskates und Fahrrädern durchfuhren. Zu ergänzen ist auch, dass vor allem die Gegner des Projektes eine hohe Medienaufmerksamkeit auf sich ziehen konnten, insbesondere bei elektronischen Medien; auch in den Leserbriefspalten der regionalen Zeitungen, an Stammtischen und bei zahllosen Privatgesprächen wurde heftig über das Vorhaben gestritten. Soziale Medien, SMS und Handykommunikation waren wichtige Mobilisierungsmittel.

Beteiligung war also vielfältig gegeben. Was in diesem plastischen, in vieler Hinsicht auch vorbildlichen Exempel bürgerschaftlichen Engagements weitgehend fehlte, war allerdings eine öffentliche Erörterung, die schon den Planungs- und Bauprozess begleitet hätte. Empörung und Beteiligung reagierten auf Verwaltungsakte und Baumaßnahmen, also auf *faits accomplis*. Stuttgart 21 war 1994 als Überraschungscoup seiner Initiatoren in die Welt gesetzt worden, die Stadt hatte sich trotz hoher Risiken bei der Finanzierung und Durchführung des Baus schon 1995 auf Gedeih und Verderb an das Projekt gebunden, was Kritikern und Gegnern stets als alternativlose Gesetzlage und Ablehnungsgrund für nachträgliche Beteiligung und Korrektur unter die Nase gehalten wurde.

Das Schlichtungsverfahren, das als Runder Tisch organisiert

war und fernsehöffentlich abgehalten wurde, konnte diesen schweren Mangel nicht beheben, weshalb der als Schlichter eingesetzte CDU-Politiker Heiner Geißler mit dem berechtigten Monitum zitiert wurde, dass »staatliche Entscheidungen bei solch gravierenden Projekten ohne Einbindung der Bürger dem vorherigen Jahrhundert angehören.« (SZ, 19.10.2010) Aus demokratiepolitischen Gründen müssten deshalb auch Befürworter des Umbaus eigentlich gegen Stuttgart 21 votieren. In einem preisgekrönten Bericht von Andreas Zielcke heißt es dazu: »Dass eine Demokratie zumindest ihre folgenreichen Entscheidungen deliberativ prüfen, an Alternativen messen und mit offenem Ausgang öffentlichen Debatten aussetzen muss, gehört seit langem, sollte man meinen, zum Allgemeingut ihres Sinns für kollektive Verantwortlichkeit. Das Verfahren, das Stuttgart 21 hervorbrachte, parodierte diese Erkenntnis.« Gemessen daran war die Schlichtung nur ein »postdemokratischer ›Witz‹«. (SZ, 03.12.2010)

Die nicht zuletzt als Frucht dieses Bürgerprotestes gewählte grün-rote Landesregierung vereinbarte eine Volksabstimmung zu Stuttgart 21. Ausgerechnet dieses noble, im »Ländle« noch nie genutzte Instrument direkter Demokratie kann nun dazu führen, dass das Bahnhofsprojekt am Ende verwirklicht wird. Art. 59 der baden-württembergischen Landesverfassung bestimmt, dass Gesetze »vom Landtag oder durch Volksabstimmung beschlossen« werden; in der Ausführung heißt es dann nach Art. 60(5): »Bei der Volksabstimmung entscheidet die Mehrheit der abgegebenen gültigen Stimmen. Das Gesetz ist beschlossen, wenn mindestens ein Drittel der Stimmberechtigten zustimmt.« Der Ministerpräsident müsste also gegen seinen eigenen Koalitionspartner gut 2,5 Millionen Stimmen von rund 7,6 Millionen Wahlberechtigten mobilisieren, um Stuttgart 21 zu Fall zu bringen, obwohl bei der Landtagswahl am 27. März 2011 Grüne und SPD gemeinsam nur auf rund 2,3 Millionen Stimmen gekommen sind. Und Zweifel an der Verfassungskonformität der Abstimmung sind auch geäußert worden.

Ministerpräsident Winfried Kretschmann hat versichert, man werde sich an die Entscheidung des Souveräns halten, d. h., auch ein Projekt auf den Weg bringen, dessen Ablehnung die Grünen ihre Mehrheit zu verdanken hatten. Hier zeigt sich bereits, wie leicht gerade direkte Demokratie Parteikalkülen untergeordnet werden kann und wie fatal Volksabstimmungen sein können, werden sie erst dann angesetzt, wenn das Kind längst im Brunnen liegt. Zum anderen erschließt sich hier aber die zentrale Frage des neuen Gesellschaftsvertrags, der ein demokratisches Mehr postuliert und die Bürger anhält, nach gründlicher Beratung getroffene Mehrheitsentscheidungen verbindlich anzuerkennen und mit ihren unangenehmen Folgen gegebenenfalls zu leben.

Stuttgart 21 war bei allen Ungereimtheiten und Übertreibungen Ausdruck einer neuen Bürgerbewegung im Westen. Beobachter vom Hamburger Institut für Sozialforschung (Sahr/Staab 2011) haben darin drei Typen von *Citoyens* entdeckt: den »Expertenbürger«, der vor allem an der Effizienz und Effektivität von Entscheidungen interessiert ist, darin Ingenieuren und Wissenschaftlern gleicht und auf der Höhe des zugänglichen Wissens an eine überpolitische Wahrheit oder Expertise glaubt – wir sind das Volk, weil wir es besser wissen.

Dazu konträr steht der »Bindungsbürger«, der die Erhaltung des Bestands anstrebt und allen Großprojekten skeptisch begegnet, dafür alle Macht der Gemeinschaft mitsamt ihren Werten und Vorlieben gibt und darin eine vorpolitische Weisheit wirken sieht – wir sind das Volk, weil wir eben wir sind. Schließlich trat der »Versuchsbürger« auf, der Demokratie als ergebnisoffenes Sondieren begreift und eine Art Dauerexperiment praktiziert, der also das Mögliche in seiner ganzen Immanenz auslotet und eben damit einen neuen Politikstil begründet. Wir sind eben doch das Volk ...

Engagement, trotzdem

Und damit wirklich genug mit der Suada von Defiziten, Gefahren und Ambivalenzen! Es gibt ja das breite Engagement im Ehrenamt, die Teilnahme am Freiwilligen Sozialen Jahr (FSJ) bzw. Freiwilligen Ökologischen Jahr (FÖJ), in der weltweiten Arbeit von Nichtregierungsorganisationen (NRO). Entgegen einem geläufigen kulturpessimistischen Vorurteil nimmt es nicht ab, sondern floriert und gewinnt an politischer Bedeutung. Die sogenannte Engagementquote, der Anteil von freiwillig Engagierten an der Bevölkerung ab 14 Jahren, lag schon 1999 bei 34 Prozent und stieg seither weiter an. Gleichzeitig stieg die Intensität des freiwilligen Engagements: Ein Drittel hat mehr als eine Aufgabe oder Funktion übernommen, Jugendliche zwischen 14 und 24 Jahren gehören zu den öffentlich aktivsten Gruppen der Bevölkerung. In Deutschland existieren fast 600 000 Vereine, von denen rund die Hälfte den Status der Gemeinnützigkeit besitzt. Dabei dominieren Aktivitäten in Sport, Freizeit, Heimatpflege, Brauchtum, Kunst und Kultur, sozialen Bereichen, Wohlfahrt und Religion; mit Entwicklungshilfe, Umwelt- und Naturschutz befasst sich derzeit nur eine Minderheit der Deutschen in Bürgerinitiativen, Genossenschaften, Klubs, Gewerkschaften, Stiftungen und gemeinnützigen GmbHs.

Die Bürgergesellschaft lebt schon immer von informeller und individueller Partizipation. Aber das ehrenamtliche Engagement hat auch seine Kehrseiten: Es füllt immer stärker die Lücken, die der erlahmende Sozialstaat hinterlässt, und es überstrapaziert die ehrenamtlich Tätigen. Die Balance zwischen Professionellen und Freiwilligen muss stimmen, auch das Verhältnis zwischen staatlichen Pflichtleistungen und privaten Zuschüssen in Geld oder Arbeitszeit. Der Kerngedanke des Ehrenamtes ist nicht, Defizite staatlicher Vor- und Fürsorge auszugleichen, sondern dem Staat anzuzeigen, wo neue Aufgaben entstehen oder bestehende nicht gut genug erfüllt werden. (Winkler 2011)

Ein weiteres Problem: Das dauerhafte, durch zahlende Mitgliedschaft unterstrichene und von einem Pflichtethos angetriebene Engagement weicht einem selektiven und an befristeten Projekten orientierten Einsatz, der rasche Erfolge will und den Spaßfaktor nicht zu kurz kommen lässt. Freiwillige Helfer engagieren sich in der Regel nicht nur altruistisch, sondern um soziale Kontakte zu pflegen. Die Reaktion der Vereine darauf sind Aktionstage und Projektmärkte, die auf persönlichen Beziehungen aufbauen und konkrete Aufgaben (etwa Schulkinder betreffend) erfüllen. Auch hier kann man durchaus Nachteile und Schwächen sehen: Oft spielt der Blickwinkel der Helfenden eine größere Rolle als der Bedarf der Hilfsbedürftigen, oft sind die Engagierten eher gegen etwas zu mobilisieren als für eine gute Sache.

Kritisiert wird auch die sprachliche und soziale Distanz der Engagierten zu sozial Benachteiligten; Bürgerprotest sei mehr etwas für Privilegierte. Eine nicht repräsentative Studie des Wissenschaftszentrums Berlin (WZB) zur Beteiligung an den Stuttgart-21-Protesten hat in der Tat ergeben, dass zwei Drittel der Beteiligten zwischen 40 und 64 Jahre (36 Prozent der Gesamtbevölkerung) und nur 7 Prozent unter 25 Jahre alt waren. 50 Prozent waren Höhergebildete (26 Prozent), drei Viertel Anhänger der grünen Partei, jeweils die Hälfte weiblich und Menschen mit bis dahin geringer Protesterfahrung. »In der Mehrheit sind es eindeutig Vertreter einer neuen Mitte, die akademisch qualifiziert und linksorientiert sind, sich ökologisch engagieren und einer Altersstufe angehören, für die der Ruhestand in Reichweite liegt oder bereits erreicht ist«, so der Politikwissenschaftler Wolfgang Kraushaar. (Kraushaar 2011: 17) Zugespitzt gesagt: Die 68er und 78er haben sich in Protestlaune zur Ruhe gesetzt.

Zugänge zum bürgerschaftlichen Engagement ergeben sich in der Regel über die gehobenen Schichten der Arbeitsgesellschaft, und wer nicht arbeitet, findet sich nicht in Beteiligungsformaten zurecht, die einen festen Arbeitsplatz, eine sichere selbstständige Tätigkeit oder einen angenehmen Ruhestand voraussetzen. Andererseits ist Hartz-IV-Empfängern am zivilgesellschaftlichen Engagement eher die Zivilgesellschaft fremd als das Engagement. Die Politologin Johanna Klatt und andere haben gezeigt, dass es vielen sozial Benachteiligten zwar an Selbstvertrauen fehlt und sie selten in die typischen Netzwerke und Vereine des sozialen Engagements einbezogen sind. (Klatt 2011) Im engeren Umfeld aber, im »Problemviertel« selbst, fühlen sie sich durchaus heimisch und bauen Selbsthilfenetzwerke auf, Migranten vornehmlich in erweiterten Familien und Ethnien. Dort engagieren sie sich, ohne dass ihnen selbst dies als etwas Gemeinnütziges vorkommen und es von außen als respektable Engagementpolitik erscheinen würde. Was man tut, ist »nicht der Rede wert« und »geht andere nichts an«. Zum politischen Betrieb besteht bei der »Unterschicht« eine noch höhere Distanz als beim Rest der Gesellschaft.

Nur scheinbar bewahrheitet sich also der Brecht'sche Sinnspruch, erst komme das Fressen, dann die Moral (in Gestalt der Empathie für andere). Hätte Engagementpolitik besseren Zugang zu den Schlüsselfiguren der »Viertelgestalter« (Klatt 2011), könnte sich die Bürgergesellschaft auch bei sozial Benachteiligten mit und ohne Migrationshintergrund entwickeln, könnte man *change agents* in diesem Milieu leicht mobilisieren. Man fände sie in Sportvereinen, religiösen Gemeinden und Jugendhäusern – und nicht zuletzt in Kindergärten und Schulen, wo die Kinder sich noch am ehesten in heterogenen Netzwerken befinden und Zielgruppe der Community-Arbeit sein könnten.

Bürgerschaftliches Engagement und viele Aktivitäten im Dritten Sektor (jenseits von Staat und Markt) kommen zustande, weil es neben den angeblich vorherrschenden Antrieben des Homo oeconomicus, der seinem Nutzenkalkül folgt (Was habe ich davon?) und der üblichen Loyalität des Staatsbürgers und Steuerzahlers überschießende Motivationen gibt, die Zeit, Geld und andere Ressourcen dafür »opfern«, an einem Gemeinschaftsvorhaben oder Zukunftsprojekt mitzuwirken. Frank Schirrmacher hat darauf hingewiesen, dass es eine bürgerliche Regierung war, die solche ehrbaren Motivationen ihrer Klientel leerlaufen ließ. (FAS 14.08.2011) Er vergaß hinzuzufügen, dass sich auf den Straßen und Plätzen eine neue Bürgerrevolution formiert und praktische Gesellschaftskritik übt: An einer irrwitzigen Idee namens friedliche Nutzung der Kernenergie, an unzeitgemäßen Prestige-Projekten wie in Stuttgart, am geistfeindlichen Bildungssystem, das nicht das Wohl der Kinder in den Mittelpunkt rückt, sondern das Interesse einer föderalistisch versechzehnfachten Kultusbürokratie an sich selbst, an nonchalanter Duldung von Rassendiskriminierung und Alltagsgewalt, an einer ungebrochenen Raffgier, die Millionen Jugendliche in Europa ihrem Schicksal überlässt, an einer kollektiven Verantwortungslosigkeit, die für platte Konsumbedürfnisse den Planeten aufs Spiel setzt.

Das geschieht – wie anders? – aus Leidenschaft, aus Empathie (Einfühlung) für und Sympathie (Mitleiden) mit anderen, aus Empörung über Willkür, soziale Ungerechtigkeit und ungerechte Herrschaft, aus Wut über unhaltbare Zustände, aus Liebe zu anderen Menschen (und Gott). Es versteht sich oft von selbst und erfordert keine Ableitung aus übergeordneten Gründen. Es ist emotional begründet und dabei alles andere als irrational.

Politik erfordert nach einem berühmten Diktum Max Webers Augenmaß und Leidenschaft. Was in der oben zitierten, wohltemperierten Bürgertypologie fehlt, ist der leidenschaftliche Zug der Auseinandersetzung um den Stuttgarter Bahnhof, in der auch so gut wie jede politische Gefühlslage vorkam: Freude und Hass, Hochmut und Niedergeschlagenheit, Sympathie und Aggressivität, Freundschaft und Feindschaft. Wut und Mut.

2. Empörung

Politik der Gefühle

Der Gegenentwurf zum Gutsherrenstil von Stuttgart 21 und anderen Versuchen energischen Durchregierens heißt deliberative Politik – die sorgfältige und rationale Erörterung politischer Streitfälle in öffentlicher Auseinandersetzung unter Einbeziehung möglichst vieler. (Habermas 1992) Wir kommen darauf noch ausführlich zurück. Anders als es manche Modelle politischer Öffentlichkeit vorsehen, ist diese freilich vor allem ein Marktplatz der Gefühle. Politik heißt, wie der amerikanische Philosoph Michael Walzer Habermas und anderen Verfechtern eines rationalen Modells politischer Auseinandersetzung entgegengehalten hat, weit mehr als herrschaftsfreier Dialog, nämlich ganz wesentlich Leidenschaft. (Walzer 1999)

Nun erscheint eine Politik der Gefühle vielen als Einbruch der Irrationalität in den Vernunftbezirk des Politischen. Gefühle sind unmittelbar körperliche Reaktionen, wenig oder gar nicht steuerbar, die einen übermannen und fortreißen. Man erinnert sich, wie Helmut Kohl, der sich als »Kanzler der

Einheit« feiern ließ, die Beherrschung verlor, als ein Demonstrant aus der Menge ein Ei auf ihn abgefeuert hatte. Was sollen Eierwürfe, und warum kann ein Kanzler nicht souverän bleiben? Gefühle lassen sich telegen einsetzen, wenn ein Redner beim politischen Aschermittwoch im Publikum übelste Ressentiments aufruft, oder wenn einem Abgeordneten im Bundestag vor Tränen die Stimme versagt. Erst recht schauert einen, wenn man sich einen vom Typ »DSK« in seinem Hotelzimmer ausmalt. Und man ist befremdet, wenn sich Kanzlerinnen und Präsidenten beim Staatsbesuch abbusseln wie die Münchner Partygesellschaft.

An diesen Beispielen lässt sich erkennen, dass sich spontane wie in Szene gesetzte Leidenschaften aus dem Vernunftbezirk der Politik unmöglich verbannen lassen, sie bilden vielmehr den Antriebsmotor des Politischen und damit auch jedes Engagements der Bürgergesellschaft. Leidenschaft ist ihrer Natur nach ambivalent, Gefühle unterliegen Konjunkturen und sozialen Kodierungen (Frevert 2011, Reemtsma 2009), heiße und kalte Phasen wechseln sich ab, sie reagieren auf ihre Spiegelung und Reflexion in der öffentlichen Meinung und speziell in den visuellen Medien. Derzeit erleben wir *Tage des Zorns* geradezu seriell. Temperamente wie Zorn, Ärger, Wut, Empörung, Ressentiment und Neinsagen ragen aus der Palette der psychopolitischen Primäraffekte heraus. (Sloterdijk 2006) Sie haben auch den ansonsten sehr nüchternen amerikanischen Historiker Tony Judt erfasst, der in seinem Traktat über unsere Unzufriedenheit einen Grund für diese Disposition darlegt: »Irgend etwas ist grundfalsch an der Art und Weise, wie wir heute leben. Seit dreißig Jahren verherrlichen wir eigennütziges Gewinnstreben. Wenn unsere Gesellschaft überhaupt ein Ziel hat, dann ist es diese Jagd nach dem Profit. Wir wissen, was die Dinge kosten, aber wir wissen nicht, was sie wert sind. Bei einem Gerichtsurteil oder einem Gesetz fragen wir nicht, ob es gut ist. Ob es gerecht und vernünftig ist.« Und er fügt den entscheidenden Appell an: »Früher waren das die entscheidenden politischen Fragen, auch wenn es keine einfachen Antworten gab. Wir müssen wieder lernen, diese Fragen zu stellen.« (Judt 2011: 11)

Wer in der Saison 2010 deutsche Empörung spüren wollte, musste eine Veranstaltung mit Thilo Sarrazin besuchen. Den Bestseller »Deutschland schafft sich ab«, ein programmatisch schlecht gelaunter Titel, hatten Autor und Verlag von vornherein auf Krawall gebürstet; zu diesem Zweck wurde der ehemalige Finanzsenator und Bundesbanker durch Talkshows, Buchkaufhäuser und Stadttheater gereicht. Dort präsentierte sich vor überwiegend wohlsituiertem Mittelstand ein selbst ernannter Volkstribun, der dem sichtlich wütenden Publikum seine tiefe Abneigung gegen Multikulti verkündete. Hier war die Politik der Gefühle klar auf die Weckung von Ressentiments gegen muslimische Einwanderer getrimmt, die Sarrazin als Schulversager und Kopftuchmädchen etikettierte.

Tage des Zorns: Zweierlei Ressentiments

Die Zweischneidigkeit politischer Gefühle wurde von einem anderen Bestseller bestätigt, der vor allem in Frankreich Furore machte. Das von einem Autorenkollektiv verfasste Buch »L'insurrection qui vient« (Der kommende Aufstand) zirkulierte vor allem im Netz und erwarb Kultstatus sogar beim liberalen Feuilleton. Der gallische Hahn, dieses vorbildlich leidenschaftliche Zoon politikon, schien die Stimme wiedergefunden zu haben. Die Anonymi aus dem schwarzen Block propagierten totale Subversion und Sabotageakte, Faulheit und Plünderungen, und dabei umgaben sie sich mit der Aura, dergleichen auch selbst zu praktizieren. Damit stehen sie nicht allein. Ex-, Post- und Immer-noch-Kommunisten können auf die Verächtlichkeit einer kapitalistischen Wirtschaft setzen, die gerade jede Menge Gründe für Entrüstung und Aufruhr liefert. Aber wie demokratiekompatibel ist diese Wut? Die radikale Linke stand immer schon in der Versuchung, ihre Vorstellungen mit der Brechstange (im wörtlichen und übertragenen Sinne) gegen »unbewusste« Massen durchsetzen zu wollen.

»Ich wünsche jedem Einzelnen von Ihnen einen Grund zur Empörung. Das ist sehr wertvoll. Wenn etwas Sie empört, wie mich die Nazis empört haben, werden Sie kämpferisch, stark und engagiert«, schrieb der 91-jährige Stéphane Hessel, dessen schmales Pamphlet »Empört Euch!« in Frankreich über eine Million Mal verkauft wurde. Man konnte fast neidisch werden: »Die Franzosen haben Stéphane Hessel und wir Thilo Sarrazin. Die Franzosen machen ein Buch der Hoffnung zum Bestseller. Die Deutschen ein Buch der Niedertracht«, so taxierte Jakob Augstein die europäische Großwetterlage politischer Emotionen. (Freitag, 16.01.2011) Mayers Konversationslexikon verzeichnete 1905 unter dem Eintrag »Indignation« (lat. Entrüstung), diese sei ein »›gerechter‹ Unwille über eine ›unwürdige‹, vom sittlichen Gefühl verurteilte Handlung«. Würde und Gerechtigkeit: Hessel empörte sich zu Recht über den Raubtierkapitalismus und prangerte die nicht nur in Frankreich zunehmende soziale Ungleichheit an. Entrüstung hat aber eine offene Flanke und kann sich an verschiedensten Anlässen entzünden. Sie kann ganz niederträchtigen Antrieben verdankt sein oder zur Dauerpose verkommen. Und gerade allein oder mit anderen vor der Glotze kann man sich wunderbar entrüsten – über andere.

Wichtigster Vorzug der Empörung ist, dass sie nicht vor der Zumutung überkomplexer Verhältnisse einknickt und nicht im Mehltau der Vergeblichkeit versinkt. Es kommt derzeit offenbar sehr darauf an, wohin die Primäraffekte rutschen: in antipolitische Wut, aus der sich die populistische Abrechnung mit »denen da oben« und der Hass auf Fremde nährt, oder in das politische Projekt eines Neuanfangs, das Leidenschaft mit Augenmaß und Empathie verbindet. Ganz klar zu trennen ist dies im wirklichen Leben nie. Die Rede vom Wutbürger umschreibt die Gratwanderung des Bürgers auf den Barrikaden.

»Bürger, auf die Barrikaden!« war der Schlachtruf des Politologen Arnulf Baring, der seinesgleichen schon 2002 zum kollektiven Wutausbruch aufgerufen hat. Er wird seither unablässig in Talkshows eingeladen, weil er folgenlose Sätze wie diesen sagt: »Wir dürfen nicht zulassen, dass alles weiter bergab geht, hilflose Politiker das Land verrotten lassen.« Das kommt an. *W.U.T.* nennt sich gewiss nicht ohne Hintersinn eine unabhängige »Wählerinitiative unabhängiger Tübinger«, die am Gemeindegeschehen im Übrigen eher konstruktiv mitwirkt, während die »Bürger in Wut« bei der letzten Bremer Landtagswahl einen Stimmenanteil von 7,1 Prozent in Bremerhaven erreichten, wo schon rechtspopulistische und rechtsradikale Protestparteien Erfolge zu verzeichnen hatten. Vor Wut stammeln auch jene zornigen jungen Männer, wenn ein Richter sie fragt, warum sie in einer U-Bahn-Station über ein hilfloses Opfer hergefallen sind, auf dem Schulhof ihre Kameraden malträtiert oder ein Asylantenheim angegriffen haben. Mordsmäßige Wut stellte schließlich auch der Norweger Anders Behring Breivik erst im Netz aus, um sie dann an willkürlich gewählten Opfern auszutoben. Hier war Wut der mörderische Affekt, der sich durch eine weltweite Verschwörung legitimiert fühlt und dabei jeweils das Körnchen Wahrheit aufgreift, das in den verrückten Verhältnissen der Gegenwart liegt. (Schneider 2010)

Kollektiver Burnout?

Bei aller Erregung, die Sarrazin und Co. in Talkshows und Theatern zu erzeugen vermögen, wirken diese Veranstaltungen wie Beweise eines kollektiven Ausgebranntseins. Ihre aggressive Stimmung kann die im Saal vorherrschende Niedergeschlagenheit und Zukunftsangst nicht übertünchen. Diese Diskrepanz deutet auf ein tiefer liegendes psychopathologisches Phänomen hin: Vier Millionen Deutsche sollen unter behandlungsbedürftigen Depressionen leiden, schon jedes zehnte Kind an Ängsten und jedes zwanzigste an depressiven Verstimmungen. Burnout ist zu einer Art Volkskrankheit geworden, Erschöpfung zum verbreiteten Charaktermerkmal.

Von einem privaten oder gar politischen Aufbruch ist dieser Persönlichkeitstypus weit entfernt. 1957 definierte Alexander Mitscherlich, ein Gründervater der Psychosomatik, Krankheit als »Reaktionsmöglichkeit des erlebenden Individuums in hilfloser Lage«. (Mitscherlich 1966: 9 f.) Ungute Erlebnisverfassungen wie Müdigkeit, Schwindel, Verdauungsstörungen, Übelkeit, Schweißausbrüche und Schlaflosigkeit sollten seiner Meinung nach in jedem ärztlichen Befund eine Schlüsselrolle spielen.

Dabei ging die Psychosomatik davon aus, dass jede Gesellschaft ihre (neuen) sozialen Krankheiten hervorbringt. Heute scheint es die Depression zu sein (vielleicht auch der Narzissmus). Während sich Kliniken und Praxen mit Fällen von Depression füllen, bleiben freilich die Härten einer Arbeitsorganisation bestehen, die den Beschäftigten wenig Platz lässt für sinnvolle Freizeit und persönliche Netzwerke, für Familie und Vereine – und für sich selbst. (Ein anderer Fall sind rigide Familienstrukturen, die vor allem Frauen, Mädchen und Kinder in Angst und Schrecken versetzen.) Burnout trifft die Getriebenen und Unersetzlichen genauso wie die Unbeschäftigten und »Überflüssigen«. Der Persönlichkeitstyp des Ausgebrannten, der die Abläufe nicht durch offene Obstruktion, sondern durch stumme Verweigerung stört, ist damit ein Fall für die Gesellschaftskritik.

Die Ursache für den kollektiven Burnout dürfte nicht zuletzt in einer Arbeitskultur liegen, die Fähigkeiten des kreativen Individuums rhetorisch in den Himmel hebt, es aber zugleich unbarmherzig ausbeutet und entwertet. Wenn die Wahlmöglichkeiten auf allen Ebenen zugenommen haben, kann der Mensch die im Kern romantische und künstlerische Idee verfolgen, den eigenen Lebensweg frei zu gestalten. Auf dieser Vorstellung beruht das »unternehmerische Selbst« (Bröckling 2007), das vom Praktikum an gefragt ist und sich bei Bewerbungen in höchsten Tönen anpreisen muss. Individualisierung kann eine Zunahme von Autonomie und Authentizität bedeuten, aber eben auch eine hintergründige Steigerung der Konformität. Dies geschieht, wenn die Parole der Selbstverwirklichung des Einzelnen zur Handlungszumutung wird: Sei kreativ!

Der Pariser Soziologe Alain Ehrenberg sprach von der »Müdigkeit, man selbst sein zu müssen.« (Ehrenberg 2004) Die Häufung von Depressionen und Suchtkrankheiten aller Art führte er auf die Überforderung des (post-)modernen Menschen zurück, in Erfüllung des Versprechens der autonomen Persönlichkeit jederzeit für alles selbst verantwortlich sein zu sollen. Depressiv wird er demnach nicht, weil ihm Möglichkeiten verwehrt bleiben, sondern »weil er die Illusion ertragen muss, dass ihm alles möglich ist«. Unter diesem Druck fallen Menschen empfindungslos in sich zusammen und explodieren in der Sucht nach Reizen. Unter Umständen, sagt der Sozialpsychologe Christoph Bialluch, kann eine psychische Störung eine durchaus sinnvolle Reaktion auf eine krank machende Umwelt sein: »Ohne den Leidensdruck romantisieren zu wollen, kann eine Form von Hysterie wieder wichtig werden, die das vermeintliche Wissen über die seelischen Krankheiten unterläuft und Fragen nach dem Sinn aufwirft. Pointiert könnte es auf die Maxime gebracht werden: mehr Christoph Schlingensief, weniger Robert Enke.« (Kongress der neuen Gesellschaft für Psychologie, März 2011)

Therapeuten sind überfordert, wenn sie Menschen »heilen« sollen, die an soziale Grenzen gestoßen sind. Das Problem für viele ist nicht persönliches Versagen, sondern dass ihre Fähigkeiten und Talente nicht angemessen bewertet werden. Unlösbar scheinende Konflikte sind vielfach in äußeren Zwangslagen begründet, die Ingenieure wie Sozialarbeiter, Studierende wie Therapeuten geradezu zwingt, schlechte Arbeit abzuliefern – unter deren Mangelhaftigkeit sie dann leiden und krank werden. Die Patienten werden bei gelungener Therapie vielleicht wieder arbeitsfähig und insgesamt resilienter, aber sie werden doch auch immer wieder an die eisernen oder gläsernen Gehäuse von Herrschaft stoßen, der auch ausgesetzt bleibt, wer wieder standhalten kann.

Primär geht es in einer Therapie darum, Patienten widerstandsfähiger zu machen. Es muss aber auch darum zu tun sein, ihre Widerständigkeit in Arbeitssituationen zu stärken – was gegebenenfalls aus oder neben der Therapie zum Arbeitsrichter führt oder in eine Gewerkschaft (oder in ein Frauenhaus und zum Scheidungsrichter). Hilfe benötigen nämlich nicht nur die seelisch Kranken, verbesserungsbedürftig sind vor allem die defekten Marktverhältnisse, mit denen jüngsten Umfragen zufolge annähernd zwei Drittel der Deutschen schlicht nicht mehr einverstanden sind. Vor allem drei Dinge werden schmerzlich vermisst: der Schutz der Umwelt, der sorgsame Umgang mit Ressourcen und die soziale Gerechtigkeit.

Viele bleiben bei der Diagnose und dem Unbehagen an einer erschöpften Gesellschaft stehen. Der Clou ist aber: Das Projektemachen des unternehmerischen Selbst benötigt lohnendere Ziele und kreative Auswege. (Menke/Rebentisch 2011) Niemand will ja ernsthaft zurück in starre Hierarchien, das unternehmerische Selbstbild ist bei aller Ambivalenz eine Errungenschaft. Produktiv wird Empörung, wenn jenseits von Wohlstandsvermehrung und Katastrophenabwehr also neue Ziele erkennbar werden, wenn Verantwortung für die soziale und Schutz der natürlichen Umwelt keine Phrase ist, wenn wir wirklich Verantwortung für künftige Generationen übernehmen. Mit anderen Worten: Wenn wir anstelle unserer luxuriösen Zukunftsblindheit lernen, im Futur zwei zu denken und handeln: was wir heute getan haben werden müssen, damit unsere Kinder und Enkel 2030 oder 2050 ein anderes und besseres Leben führen können. Demokratische Mitwirkung braucht Ziele.

Dunkle Seiten der Bürgergesellschaft

Es fragt sich zunächst aber noch, wer dieses »Wir« ist, wie sich also Konvivialität, der lebensgerechte und gemeinschaftsförderliche Einsatz des technischen Fortschritts, unter heutigen Bedingungen entwickeln soll. Es ist ganz offenbar nicht mehr die parlamentarische Berufspolitik, die solche Wir-Gefühle hervorbringt, rahmt und organisiert. An ihrer Stelle fällt heute stets der Begriff Zivilgesellschaft. Zu Recht, aber wiederum lassen sich die Ambivalenz des Bürgeraufstands und generell die Janusköpfigkeit der Bürgergesellschaft exemplarisch an der Tea-Party-Bewegung demonstrieren, der weltweit eindrucksvollsten populistischen Großinszenierung, die das politische System der Vereinigten Staaten fast aus dem Lot gebracht hat. Hier wird, mit der platten Unterstellung eines Gegensatzes von Volk und Politik, von Unten und Oben, ein ganz dubioses Wir konstruiert, das an falsche Gefühle appelliert.

Als echte »Graswurzel-Bewegung« in lokalen Protestereignissen vor dem Hintergrund der Bankenkrise und Bankenrettung entstanden, reklamiert sie das ehrwürdige historische Erbe der Boston Tea Party im Jahr 1773 für sich, legitimiert sich also mit dem historischen Aufstand gegen die britische Herrschaft und damit den heroischen Ursprüngen der amerikanischen Republik. Diesem uramerikanischen Impetus gibt die Tea-Party-Bewegung einen radikalen, oft sehr rabiaten und bisweilen xenophoben Dreh: Sie steht für die Schwächung des Bundesstaates zugunsten der Einzelstaaten und Gemeinden, des Weiteren für radikale Steuersenkungen bei gleichzeitigem Abbau der Schulden, was nach Lage der Dinge beides mit Einschnitten in das in den USA ohnehin sehr weitmaschig gewebte soziale Netz verbunden ist. Als Bewegung überwiegend wohlbetuchter und besser gebildeter Weißer wetterte diese Bewegungspartei gegen Barack Obamas Gesundheitsreform und sämtliche Konjunkturprogramme und traf damit offenbar einen Nerv. Vorherrschende Gefühlslage ist die »Wut auf Washington« und den vermeintlichen »Sozialismus« der Obama-Administration, die zum Teil proislamischer Neigungen verdächtigt wird. Zum rechtslibertären Projekt gehören auch eine ausgeprägte Klimaskepsis und die kategorische Ablehnung der Klimapolitik Obamas. Das heißt aber auch, dass nach dem Willen der amerikanischen Provinz der Klimaschutz weltweit Stückwerk bleiben soll.

Mit Sarah Palin, Ron Paul, Michele Bachmann und dem TV-Moderator Glenn Beck hat die Tea-Party-Bewegung einige dubiose Galionsfiguren hervorgebracht und an verschiedenen Stellen auch bei Wahlkämpfen und Vorwahlen den Ausschlag gegeben. Die konservativen Revolutionäre (Leggewie 1997) stellen mittlerweile rund 80 Abgeordnete im US-Kongress. Erneut hat sich die Republikanische Partei, nachdem die christliche bzw. religiöse Rechte dort an Einfluss verloren hat, von rechtsaußen kapern lassen. Als Sperrminorität haben es ihre Vertreter im Sommer 2011 darauf angelegt, notfalls den Kongress, wenn nicht die gesamte Bundesadministration lahmzulegen. Der einzige Effekt dürfte die nachhaltige Schwächung der Handlungsfähigkeit des Staats und das Verblassen der globalen Hegemonie der Vereinigten Staaten sein.

Bewegungen wie diese agieren, als gäbe es kein Morgen. Ihre aggressive rechtslibertäre Agenda, die von mächtigen Sponsoren wie Koch Industries gefördert wird (SZ, 30.03.2010 und 25.09.2010), ist aus den USA nach Europa übergeschwappt. Mobilisierungsthemen wie die Islamophobie und die Leugnung des Klimawandels verbinden sich auch in der Alten Welt mit »steuerrebellischen« Themen; sie sind anschlussfähig im Rechtsliberalismus, der sich zudem gegen die supranationale

Vergemeinschaftung Europas wendet. Der vorläufig letzte Akt des europaweiten antieuropäischen Nationalpopulismus war das Erpressungsmanöver der Dansk Folkeparti, die mit der selbstherrlichen Aussetzung des Schengener Abkommens den Eckpfeiler der europäischen Binnenintegration, die Reise- und Bewegungsfreiheit, ansägte. Das dänische Beispiel drängt sich auf, weil der Siegeszug der europäischen Nationalpopulisten Anfang der 1970er-Jahre mit der von Mogens Glistrup gegründeten Fremskridtspartiet begonnen hat. Glistrup, später wegen Steuerhinterziehung angeklagt und verurteilt, übertrug die aus den USA bekannte »Steuerrebellion« auf die europäischen Wohlfahrtsstaaten und verband sie mit fremden- und islamfeindlichen Aversionen. Warum, fragen Rechtspopulisten rhetorisch, müssen die Leistungsträger einer Gesellschaft für die Schwachen zahlen, warum eine ausufernde Sozialbürokratie alimentieren?

Vorangegangen war dem Affront gegen das Schengener Abkommen übrigens ein ganz gewöhnlicher schmutziger Deal, den populistische Parteien regelmäßig eingehen, wenn sie aus der bequemen Oppositionsrolle an die Regierung kommen. Damit sie der Kürzung von Pensionen zustimmten, begingen die bürgerlichen Koalitionspartner diesen antieuropäischen Sündenfall. Europa wurde für ein Linsengericht verkauft. Zwei Dinge sind daran typisch: erstens die gegen Europa, Einwanderer und Minderheiten gerichtete Bauch-Politik der Rechtspopulisten und zweitens das Appeasement, die unbegreifliche Nachgiebigkeit des politischen Establishments, dessen Vertreter – wie es der schwedische Autor Per Svensson einmal pointiert ausgedrückt hat – »die Anliegen der Populisten zu ihren eigenen machen – um zu verhindern, dass die Populisten ihre Politik durchsetzen, machen sie dieselbe Politik gleich selber.« (SZ, 20.05.2011)

Diese Anverwandlung trifft für die französische oder österreichische Rechte gegenüber dem Front National und den Freiheitlichen ebenso zu wie für die dortigen Sozialisten, für die Regierungspolitik Viktor Orbans in Ungarn im Blick auf die antisemitische und romafeindliche Jobbik ebenso wie für die niederländischen Parteien gegenüber ihrem stillen Teilhaber, Geert Wilders' Partij voor de Vrijheid. Innenpolitisch führt diese Erpressung zur Unregierbarkeit und einem Legitimationsverfall, die den Rechtspopulisten fatalerweise noch mehr Zulauf bringen; sie profitieren von der Krise, die sie selbst anheizen. Und europapolitisch können dann Kleinstparteien in einem Land das gesamte Brüsseler Kartenhaus zum Einsturz bringen, wie schon die bloße Ankündigung der »Wahren Finnen« nach ihrem Wahlerfolg im Frühjahr 2011 belegt, die ominösen Rettungspakete für Portugal und Griechenland scheitern zu lassen.

Die Kritik an der Erpressbarkeit bürgerlicher Parteien, die einen in Panik geratenen Mittelstand an die Populisten verlieren, und am Opportunismus sozialistischer und sozialdemokratischer Parteien, die verunsicherte Arbeitnehmer an dieselben Populisten verlieren, ist berechtigt. Man darf von ihnen mehr Prinzipientreue und Durchsetzungsfähigkeit verlangen. Allerdings müssen sie auch hilflos mit ansehen, wie wohlfeile Kritik am »Monster Brüssel«, wie es Hans Magnus Enzensberger formulierte, wie vor allem auch die Steuersenkungspropaganda und die Islamophobie durch elektronische Medien und

Boulevardpresse transportiert werden. Der Kern des Problems ist also, dass diesem medialen Dauerfeuer und der neoliberalen Kraftmeierei von Volkstribunen viele, vor allem männliche Jungwähler, zu folgen bereit sind. Unter ihnen sind ein HC Strache (*1969) und eine Marine Le Pen (*1968) überaus beliebt, weil sie der offenbar tief empfundenen Hilflosigkeit und einem verklemmten Revanchebedürfnis Ausdruck verleihen. Diese Politik der Gefühle kann solche Biedermenschen leicht bis in den Élysée-Palast und in die Hofburg tragen.

Die Ingredienzien einer rechtspopulistischen Bewegung sind auch in Deutschland seit Langem vorhanden. Franz Schönhuber hatte seinen Auftritt als Volkstribun (»Jetz red' i«) Ende der 1980er-Jahre, als sich der Zorn noch gegen »Asylanten« richtete. Die NPD zog mit einem ziemlich unverhohlenen nationalsozialistischen Programm für die Vereinigungs- und Globalisierungsverlierer in ostdeutsche Landtage ein. Jürgen Möllemann gab seinem hochfliegenden »Projekt 18« einen antisemitischen Touch, und die »Pro-Parteien« (Pro Köln, NRW, Deutschland) mobilisieren gegen lokale Moscheebauprojekte und die »Islamisierung Europas«. Besonders weit sind sie damit alle nicht gekommen. Eine politische Kraft rechts von den Unionsparteien gilt in Deutschland immer noch als unanständig, und auf Bundesebene ist eine sechste Partei vorerst unwahrscheinlich. Eine Lebensversicherung für die Republik der Mitte ist das freilich nicht.

Der Affekt gegen »den Islam« ist das stärkste Mobilisierungsmotiv seit Langem, wie die Sympathien für Thilo Sarrazin zeigen. Als Parteigründer fehlt Sarrazin vieles: die charismatische Ausstrahlung, die Volkstümlichkeit, die Fernsehtauglichkeit, das politische Organisationstalent. Aber Sarrazin könnte die Tür öffnen für andere, die das bereitliegende Skript zu einem attraktiven Plot verarbeiten. Der Kern der populistischen Erzählung ist auch bei uns die Gegenüberstellung von Volk und Eliten. Sie unterstellt eine tiefe Kluft zwischen den einfachen Leuten, denen angeblich übel mitgespielt wird, und den Eliten, die angeblich nur in ihre eigene Tasche wirtschaften. Zwar fließt der größte Teil der Leistungen des Sozialstaates an eine mittelständische Klientel, aber auch der erstaunliche Erfolg der Westerwelle-FDP im Jahr 2009 war dem Ressentiment gegen den »anstrengungslosen Wohlstand« der Hartz-IV-Empfänger geschuldet.

Deutsche Gefühlslandschaften

Man sieht: Die politische Gefühlslandschaft ist unübersichtlich. Kann man hier heuristisch ein wenig Ordnung schaffen? In der Gesellschaftstheorie wie in der Politikanalyse hat man lange den falschen Gegensatz von Rationalität und Emotionalität gepflegt, wobei ausgerechnet Politik und Ökonomie als Arenen der Vernunft galten, wo mit Gier und Machtstreben doch besonders exuberante und suchtanfällige Gefühlslagen im Spiel sind. Auch die Grenze zwischen privater und öffentlicher Sphäre ist aufgeweicht. Heute werden im öffentlichen Raum intimste Gefühle geradezu inflationär ausgestellt und inszeniert; generell werden Affekte so »gestylt«, als könnten wir sie modellieren und kontrollieren.

Man darf behaupten, dass Gefühle geradezu das A und O politischer Handlungen und Entscheidungen und sie dabei keineswegs auf blindes, instinktgeleitetes Massenhandeln zu reduzieren sind. Politische Kommunikation wird von ihren Machern selbstverständlich als eine Art Emotionsmanagement betrieben, das Vertrauensgefühle und Glaubwürdigkeit kreieren soll.

Zum Gefühlskomplex Vertrauen kommen wir noch. Dazu muss man erst noch wissen, wie man ein Gefühl überhaupt definiert. Andrew Ortony und Gerald Clore unterscheiden Affekte, die auf Ereignisse und ihre Bewertung bezogen sind, von solchen, die handlungsbezogen sind, also auf ein Tun oder Unterlassen durch bestimmte Urheber Bezug nehmen, und von Beziehungsemotionen gegenüber Personen oder Sachen sowie von Verbindungen zwischen Gefühlen des Wohlergehens und der Attribution. (Ortony/Clore 1988) In der Forschung hat man sich auf ein dreidimensionales Schema geeinigt. Auf einer Achse sind positive und negative Affekte angesiedelt, auf einer zweiten niedrige bis hohe Grade von Wertigkeiten *(valence)* und Erregungen *(arousal)*, auf einer dritten rangieren Gefühle unter dem Aspekt freundlich/feindlich bzw. sympathisch/antipathisch. In diesem Raum sortieren sich auch die politischen Gefühlswelten einer Gruppe, einer Organisation, auch ganzer sozialmoralischer Milieus und Gesellschaften, ja der Weltgesellschaft. Hier entsteht Efferveszenz, wie der französische Soziologe Emile Durkheim die Aufwallung individueller zu kollektiven Emotionen bezeichnet hat. (Durkheim 1994)

In unserer Zielperspektive der Zivilisierung so starker und

ambivalenter Gefühle wie Wut und Empörung zu einem (immer noch leidenschaftlichen) Bürgerengagement zählt das »Politisch-Werden« individueller Gefühlslagen, wie es der Politikwissenschaftler Frank Nullmeier nannte. (Nullmeier 2006) Also die Frage, durch welche Umstände solche nicht mehr privat bleiben, inwieweit sie politische Geschehnisse emotiv bewerten, wie sie sich auf die Gestaltung des Gemeinwesens richten und in politischen Kommunikationen angerufen oder eingesetzt werden.

Zur Veranschaulichung kann man den politischen Gefühlsraum in Deutschland anhand markanter Schlüssel- und Zäsurereignisse der letzten 30 Jahre kartieren. Die jüngste Geschichte war nicht nur von ökonomischen Zyklen und politischen Wendungen bestimmt, es gibt wohl auch Gefühlskonjunkturen und emotionale Einschnitte. Die folgende, noch ganz unvollständige Liste soll das verdeutlichen:

a) Vor allem in der Außenwahrnehmung spielte in den 1980er-Jahren (und erneut nach der AKW-Havarie in Fukushima 2011) *German Angst* eine wichtige Rolle. Wegen ihrer hochgradigen und demonstrativen Aversion gegen die sogenannte friedliche Nutzung der Kernenergie galten und gelten Deutsche als besonders furchtsam, in manchen ausländischen Augen geradezu als hysterisch. Der zweite Super-GAU binnen 25 Jahren lässt freilich eine andere Wertung der Angst zu, nämlich als die hochvernünftige Reaktion berechtigten Beunruhigtseins über eine Energietechnik, deren Risiken bekanntlich keine Assekuranz der Welt zu versichern bereit ist. Zu beachten ist im Übrigen, dass die demoskopisch messbare Ablehnung der Atomenergie andernorts genauso groß oder sogar größer ist, daraus nur keine auffällige soziale Bewegung oder grüne Protestpartei gewachsen ist. Außerdem verhalten sich die politischen und wirtschaftlichen Eliten in Deutschland (und Österreich) der Beunruhigung der Bevölkerung gegenüber aufgeschlossener.

b) Eine ungewöhnliche emotionale Aufwallung brachte der Fall der Mauer mit sich, der in Ost und West durchaus ambivalent erfahren, aber auf beiden Seiten hoch erregt wahrgenommen wurde. Gefühle des Glücks und der Befreiung überwogen, aber bei Leuten, die sich als Einheitsverlierer fühlten, gab es auch Gefühle der Scham, der Niedergeschlagenheit und einer Wut, die sich zum Teil bis heute nicht gelegt haben. Politiker brachten Gefühle der Freude (»Berlin, nun freue dich!«, Walter Momper) oder gar der »Liebe zu Deutschland« ins Spiel; manche bekundeten einen dahin selten geäußerten »Stolz auf unser Land«. Die emotionale Stresssituation, die mit der Inklusion der jeweils fremd gewordenen Landsleute verbunden war, entlud sich in kollektivem Ärger über »Besser-Wessis« bzw. »undankbare Ossis«, aggressiver in der Exklusion von Fremden und Minderheiten, die bis zu offenem Hass und gewalttätiger Aggression reichte und sich seit Anfang der 1990er-Jahre zu mörderischen Pogromen gegen Asylbewerber und Außenseiter steigerte. In prekären Übergängen wie diesen können sich spontane Gefühlsausbrüche verdichten und ein Großklima herstellen.

c) Die Aversion gegen die angebliche »Einwanderung in unser Sozialsystem« war Anlass für gefühlsbetonte Verteilungskonflikte in dem seit den 1970er-Jahren abnehmend leistungsfähigen und weniger selbstverständlichen Sozialstaat, was ein negatives, in Deutschland angeblich besonders verbreitetes Gefühl verstärkte: den Neid. »Oben« registrierte man den Neid auf Besserverdienende, exorbitante Bonuszahlungen an Manager und demonstrativen Luxuskonsum; »unten« eine wachsende Intoleranz gegenüber der »Unterschicht«, die es sich angeblich bequem macht in der »sozialen Hängematte«. Reiche wie Prolls bieten ideale Projektionsflächen für Ressentiments, die sich in der populistischen Inszenierung dann gegen »den Steuerstaat« und »die Politik« generell richten.

d) Neidkomplexe dürften Ausdruck einer kollektiven Nervosität angesichts der Erosion einer Institution öffentlicher Wohlfahrt sein, die Emotionen und Interessenkonflikte früher besser beruhigen und moderieren konnte als heute. Diese Nervosität ruft die Krisenangst der Deutschen und Absturzängste der Mittelschichten auf, die der tradierten Erinnerung an zwei galoppierende Inflationen und die Massenarbeitslosigkeit zu Ende der Weimarer Republik entstammt. Während die Befürchtungen bei der Einführung des Euro (»Teuro«) und der EU-Erweiterung nach Osten noch verhalten waren, hat die aktuelle Finanz- und Eurokrise die bis dahin positive Haltung zur Europäischen Union in Skepsis und Ablehnung verkehrt. Wut auf »Brüssel« ist die Folge, ihr Adressat ist meist aber »Berlin«.

e) Bei der Kartierung des deutschen Gefühlsraums müssen Scham und Trauer (im Blick auf die Opfer der Shoah, in letzter Zeit eher der deutschen Opfer von Luftangriffen, Massenvergewaltigungen und Vertreibungen im Zweiten Weltkrieg und danach) erwähnt werden. Sie bilden eine Art Hintergrundemotion, die vor allem im familiären Privatgespräch hervorbricht, aber im politischen Raum offiziell und rituell wird.

f) Eine andere, durch die Terrorattacken vom 11. September 2001 hervorgerufene kollektive Aufwallung ist die (in Deutschland bisher relativ moderate) Angst vor Terrorattacken; in der Sarrazin-Debatte kam diesbezüglich eine aggressive Islamfurcht zum Vorschein, in der wiederum verdruckste und verdrängte Gefühle aus der unverdauten Migrationsgeschichte seit den 1960er-Jahren hochgekommen sein dürften. Im Blick auf den norwegischen Attentäter Breivik ist zu Recht hervorgehoben worden, dass der deklarierte Hass auf Muslime sich praktisch eher gegen Landsleute gerichtet hat, gegen vermeintliche Islamophile und unschuldige Opfer aus der eigenen Gesellschaft. Radikale Islamisten und Islamophobe verbindet ein verschwörerisches Weltbild, das überall Verschwörungen wittert und letztlich auf Selbsthass gegründet ist. (Schneider 2010)

g) Nicht vergessen werden sollen schließlich episodische Freudenausbrüche wie anlässlich des zur Fußball-WM 2006 inszenierten »Sommermärchens«, die (rasch abgeklungene) Begeisterung über einen deutschen Papst, wobei religiöse Ekstase in Deutschland auf marginale Gruppen beschränkt bleibt, und die massenhafte Begeisterung über einheimische Weltmeister (der Herzen), die Loveparade (vor ihrem tragischen Ende) und technische Meisterleistungen.

h) Viele Gefühlslagen bestimmen die politische Psychologie dieses Landes. Ganz unerforscht ist zum Beispiel noch die emotive Dimension eines offenbar flächendeckenden sexuellen Missbrauchs von Minderjährigen in Schulen, Internaten und anderen Erziehungseinrichtungen über Jahrzehnte hinweg und die Gefühle von Ekel und Fremdschämen als Reaktion darauf. Der Umgang eines Landes mit Kindern (von denen seit Langem Jahr für Jahr weniger geboren werden) spiegelt sich in der auch noch ganz unbekannten Haltung zur Überalterung, die als »demografischer Wandel« etikettiert wird. Verlorenheit und Verlassenheit dürften hier starke Gefühle sein.

i) In therapeutischen Praxen tauchen neuerdings vermehrt Patienten auf, die ihre Ängste vor einer weiteren Degradation der Umwelt, vor Naturkatastrophen und nicht zuletzt vor den Folgen des Klimawandels artikulieren. Das können Projektionsflächen von Ängsten sein, die andernorts verursacht sind, aber das Phänomen kann auch als Ausdruck einer objektiven Befürchtung diagnostiziert werden, ähnlich wie im Fall der *German Angst*. Phänomenen wie dem Klimawandel oder dem Artensterben (etwa dem weltweiten Bienensterben) werde ich mich im Folgenden zuwenden und die daraus resultierenden Gefühlsreaktionen im Blick auf ihre Konsequenzen für die demokratische Bürgergesellschaft in den Blick nehmen: Führt etwa die Drohung gefährlichen Klimawandels, dessen Begleitumstände wir schon wahrnehmen können, zu einer hilflosen Wut, zu Apathie und Gleichgültigkeit, oder animiert sie uns, mehr Verantwortung zu übernehmen, aktiver zu werden und uns leidenschaftlicher um die Gestaltung einer lebenswerten Zukunft zu bemühen?

Wir haben gesehen, dass eine Politik der Leidenschaft stets ambivalent, Leidenschaft in der Politik aber unabdinglich ist. Es steht in der Verantwortung politischer Vorbilder, aber natürlich auch der Zivilgesellschaft, ob ambivalente Gefühlslagen überborden und demagogisch instrumentalisiert werden oder ob sie als Energieschub für kollektive Projekte und die Gestaltung einer lebenswerten Zukunft genutzt werden können. Dies gilt umso mehr in Zeiten besonderer Herausforderungen, die ich im folgenden Kapitel umreißen möchte.

3. Neuer Gesellschaftsvertrag

Große Transformation

Politik ist nach allgemeiner und durchaus begründeter Meinung eine »Kunst des Möglichen«. Wer Visionen habe, solle zum Arzt gehen, lautete das Verdikt des Super-Realpolitikers Helmut Schmidt gegen Utopisten allgemein und »Spinner« in seiner eigenen Partei. Warum soll das heute anders sein? Politische Pragmatiker können sich zugutehalten, mit nüchterner Abwägung, aufschiebender Kompromissfindung und unverdrossenem Durchwurschteln weit gekommen zu sein, nicht nur, was ihren Verbleib an der Macht betrifft, sondern auch die gedeihliche Entwicklung des Gemeinwesens. Wer heute für Wechsel und Wenden plädiert, wer auf raschere Entscheidungen und mehr Langfristigkeit drängt, auch wer das Volk stärker mitsprechen lassen will als in Normalzeiten repräsentativer Demokratien üblich, muss dafür gute Gründe angeben. Dilatorische Politik, wie der Terminus für das »Auf-die-lange-Bank-Schieben« lautet, hat den Konsens für sich, Verfechter des Dezisionismus gegen sich, wie Angela Merkel mit ihrer Sehnsucht nach beschleunigtem Durchregieren.

Es spricht aber alles für die Fokussierung und Beschleunigung des politischen Prozesses, für eine Abkehr vom moderierenden Staat, der allen Interessengruppen Wohl und niemandem Weh' will und allein die Gegenwart des Machtkampfes und die daraus folgenden Koalitionstaktiken in Rechnung stellt. Der Preis für die Kompromisse war Diskontierung, das Aufschieben der Begleichung von Schulden in die Zukunft, indem Wachstum sowohl durch gigantische Schulden als auch durch massive Umweltschäden erkauft wurde. Der Effekt dieser Kurzatmigkeit war die Blockierung der Zukunft.

Es führt heute kein Weg mehr an einer politischen Kurskorrektur vorbei, die im Übrigen nicht, wie unsere (in vielen Punkten immer noch halbherzige) Energiewende, auf ein Land beschränkt bleiben kann, sondern weltweit gleichzeitig stattfinden muss, um etwa in puncto Klimawandel imminente Schäden abwenden zu können. Wenn zuletzt wieder im Juli 2011 in Berlin 30 Staaten »A sagen« und sich zum sogenannten »Zwei-Grad-Ziel« bekennen (aber zu einem verbindlichen Abkommen auch bei der letzten Möglichkeit, der Klimakonferenz in Durban, nicht durchringen können), dann müssen sie auch »B sagen« und eine umfassende Revision ihres Energie- und Ressourcenverbrauchs einleiten. Das heißt im Effekt nicht weniger als ihre Industrieproduktion, ihre Konsummuster und Lebensstile tiefgreifend umstellen bzw. im Fall der armen Länder von vornherein einen anderen Entwicklungspfad einschlagen. Diesen fundamentalen Wandel nennen wir im Bezug auf einen Klassiker des Sozialgeschichte von Karl Polanyi: Große Transformation. (Polanyi 1978)

Ein gestaltender Staat mit mehr Bürgerbeteiligung

Naturbeobachtung und Naturwissenschaften geben bei nüchterner und unvoreingenommener Betrachtung klare und sich verdichtende Hinweise darauf, dass die menschliche Wirtschaftsaktivität mit ihrem rasanten Ressourcenverbrauch die Tragfähigkeit des Planeten übermäßig strapaziert. Erdgeschichtlich sind wir nach einer Begriffsbildung von Paul Crutzen ins Anthropozän eingetreten. Menschliche Aktivitäten sind seit dem Beginn der Industrialisierung zur zentralen planetarischen Kraft avanciert. Nicht nur der Klimawandel, auch der Verlust an biologischer Vielfalt und der Ausstoß von Giftstoffen haben dadurch ein Ausmaß erreicht, dass man mit massiven Schädigungen des Erdsystems rechnen muss. Vorbeugung und Beseitigung verschlingen bereits heute immense Summen, kumulierte Effekte können die Lebensgrundlagen künftiger Generationen irreparabel zerstören.

Viele Gipfelveranstaltungen vor jener in Berlin haben unterstrichen, dass man die Erderwärmung auf maximal zwei Grad begrenzen muss. Doch die vorherrschende Reaktion war bisher Leugnung (Vogel-Strauß-Politik) oder Vertrauen in die Technologiesprünge, die der Schäden irgendwann Herr werden (Geo-Engineering) oder, wenn alle Dämme brechen, die Flucht in die chinesische Lösung (Ökodiktatur). Freiheitliche Gesellschaften dürfen aber weder den Kopf in den Sand stecken noch den Kinderglauben an die Technik hegen noch gar kapitulieren. Als Gegengift gegen Laisser-faire und Überreaktion wird die Idee eines neuen Gesellschaftsvertrags plausibel, eines zeitgemäßen Ordnungsrahmens für Wirtschaft und Gesellschaft, der die physische Grenze (und auch den Zeitdruck) der Naturgefahren ernst nimmt und zugleich Freiheitsspielräume erhält, womöglich erweitert. Auch ohne Klimawandel leben wir ja sicher nicht in der besten aller Welten.

Nicht erst die drohende Katastrophe, die frei gewählte Alternative eines besseren und gerechteren Lebens weltweit macht also den Abschluss eines neuen Gesellschaftsvertrags erforderlich, womit kein realer Kontrakt mit Unterschrift und Siegel gemeint ist, sondern ein virtuelles Übereinkommen zwischen einer aktiven Bürgergesellschaft und einem gestaltenden Staat. Die Ausgangsfrage des klassischen Gesellschaftsvertrags in der frühen Neuzeit war, wie die Existenz einer Staatsgewalt, die individuelle Freiheit einschränken kann, zu rechtfertigen ist. Was schulden sich die Bürger untereinander an Zurückhaltung und Gemeinsinn, war der eine Aspekt, und was gewinnen sie mit einer partiellen Aufgabe ihrer Freiheit, alles tun und lassen zu können, was ihnen gerade in den Sinn kommt? Letzteres nannte Thomas Hobbes den Naturzustand, der in seinen Augen – der Zeithintergrund waren blutig ausgetragene religiöse Bürgerkriege in Europa – einem animalischen Krieg aller gegen alle gleichkam.

Der Sozialkontrakt als Gegenfigur der Barbarei wirkte damals radikal, weil er den Menschen nicht mehr in einer kosmischen, religiösen oder ständischen Ordnung aufgehoben sah, sondern ihm die Stiftung und Sicherung menschlichen Zusammenlebens selbst auftrug. Politische Herrschaft wurde aus der vertragsartigen Einigung freier und gleicher Subjekte begründet. Diese konnten frei bleiben *von* der Willkür und dem Zwang anderer, darunter des Staates selbst, dem sie das Gewaltmonopol zuteilten, aber damit auch frei werden *zur* autonomen Bestimmung ihres eigenen Willens. Auf dieser Errungenschaft beruhen moderne Gesellschaften bis heute.

Ich kann hier kaum auf die Varianten des Kontraktualismus eingehen (Kersting 1994), anhand seiner Meisterdenker also auf den Leviathan des Thomas Hobbes, auf den Contrat Social des Jean-Jacques Rousseau, auf die Eigentümergesellschaft des John Locke und den Bürgerbund des Immanuel Kant. Unterscheiden kann man grob die etatistische Linie, die Gefahr läuft, Staatsapparate übermächtig werden zu lassen, die radikaldemokratische Linie der *volonté générale*, die in eine bürgerliche Tugenddiktatur abzugleiten droht, und die besitzindividualistische Linie, die den rationalen Egoisten und Nutzenmaximierer betont und das tatsächliche Gefälle zwischen Starken und Schwachen übersieht. Das staatsferne Projekt der »klassenlosen Bürgergesellschaft mittlerer Existenzen«, wie es der Historiker Lothar Gall (Gall 1980: 176) nennt, entpuppte sich in der arbeitsteiligen Klassengesellschaft als Utopie, erst ein Sozialstaat ermöglichte die solidarische Verteilung gemeinsam erarbeiteter Kooperationsgewinne.

Hinter diese Erkenntnis ist der nackte Marktliberalismus mit überzogener Sozialstaatskritik und dem naiven Glauben an die Selbstorganisationsfähigkeit freier Märkte zurückgefallen; auch für die ökologische Problematik gibt er keine ordnungspolitisch zufriedenstellende Antwort. Die Errungenschaft der individuellen Autonomie muss man heute ebenso mit solchen überindividuellen und transnationalen Solidaritätspflichten verbinden, die aus der Tatsache globaler Interdependenz und dem nachvollziehbaren Postulat der Nachhaltigkeit herrühren. Beides wirkt auf den ersten Blick als Beschränkung, zielt in letzter Konsequenz aber auf die Erhaltung individueller wie kollektiver Freiheitsräume ab. Der große Liberale Ralf Dahrendorf hat die Notwendigkeit und Chance einer Weltbürgergesellschaft deutlicher herausgestrichen als andere, und er hat auch mutiger die selbst auferlegten Denkverbote der Neoliberalen und den Kasino-Kapitalismus kritisiert, die den parteiförmigen Liberalismus der Gegenwart beherrschen und, wie man am Beispiel der FDP sehen kann, zugrunde richten können. Unterstützt werden solche Chancen durch einen breiten globalen Wertewandel und das Auftreten selbstbewusster Pioniere des Wandels, die man zuhauf in Unternehmen, Verwaltungen und Nichtregierungsorganisationen findet.

Für viele politische Philosophen ist der Contrat Social eine rein historische Vorstellung, die sie antiquarisch sezieren. Auch da war Dahrendorf konsequenter: Er sah darin eine dauernde und sich dynamisch anpassende Aufgabe von Bürgergesellschaften unter dem durchgängigen Auftrag: »allen die Grundfreiheiten, möglichst vielen offene Grenzen der Entfaltung, den schöpferischen Neuerern ein Klima der Ermutigung« (Dahrendorf 1987: 230) zu schaffen. Der neue Gesellschaftsvertrag bedeutet im Anschluss daran für mich heute, dass jeder Einzelne in ökologischer Verantwortung freiwillig nach seinen Kräften auf die Ausdehnung des Ressourcenverbrauchs verzichtet und den Staaten die Vollmacht gibt, zur Erhaltung weltöffentlicher Kollektivgüter steuernd einzugreifen, auf der anderen Seite aber umso mehr politische Mitwirkungs- und Beteiligungsmöglichkeiten bekommt. Genau damit werden übrigens die Kräfte der Innovation und, nach Dahrendorf, die »Öffnung verharzter Volkswirtschaften« (Dahrendorf 1987: 242) möglich. Es ist evident, dass diese Legitimation das genaue Gegenteil einer Ökodiktatur bewirkt. Die selbst gewählte Freiheit zur Selbstbeschränkung verschafft uns den Gewinn einer offenen Zukunft und den Genuss einer solidarischeren Weltbürgergesellschaft.

Die Selbstbeschränkung zur Vermeidung von gefährlichem Klimawandel und anderen Schädigungen des Erdsystems ist keine ideengeschichtliche Revolution. Menschen sind, wie aktuelle Beispiele des auf breiter Front durchgesetzten Rauchverbots und zaghafte Ansätze zu einer »Schuldenbremse« zeigen, sehr wohl fähig, die Vehemenz ihrer spontanen Wünsche erster Ordnung (also ihre kurzfristigen Präferenzen) durch »Wünsche zweiter Ordnung« (das sind Wünsche, die sich reflexiv auf Wünsche beziehen) zu zähmen und dafür geeignete Kooperationen einzugehen. Damit legen sie eine vorsorgende Einstellung gegenüber möglichen Vorlieben bzw. der Entwicklung dieser Vorlieben in der Zukunft an den Tag. »Wünsche zweiter Ordnung« stellen spontane Ansprüche zugunsten der Verfügbarkeit von Ressourcen und Optionen künftiger Generationen zurück. (Frankfurt 2001) Individuelle Konsumenten können dies nicht allein bewirken. Dazu müssen ein beherzt gestaltender Staat, innovative Unternehmen und Banken mit den *consumer citizens* zusammenwirken, die sich als Netzwerk aktionsfähiger *change agents* konstituieren, um politische Identität und Handlungsautonomie erreichen zu können.

Politik der Nachhaltigkeit: Sechs offene Fragen

Was bedeutet ein solcher Gesellschaftsvertrag nun konkret? Der Wissenschaftliche Beirat der Bundesregierung Globale Umweltveränderungen (WBGU) hat in seinem im April 2011 veröffentlichten Gutachten Handlungskorridore ausgeleuchtet, auf denen der Übergang in eine nachhaltigere und klimaverträgliche Wirtschaft machbar ist. Unternehmen und Wissenschaft, Parteien und internationale Organisationen haben den Diskussionsanstoß positiv aufgenommen, sieht man von einigen Verschwörungstheorien ab, die auch dem High Level Panel on Global Sustainability der Vereinten Nationen, das die Weltumwelt- und Entwicklungskonferenz 2012 in Rio vorbereitet, vorwerfen, eine Ökodiktatur Orwell'schen Ausmaßes und die Herrschaft der Wissenschaft anzustreben. Ebenso unsinnig ist der Vorwurf, hier betreibe ein grüner Tugendausschuss zielstrebig die Deindustrialisierung Deutschlands und wolle nebenbei noch die Demokratie abschaffen.

Wer das WBGU-Gutachten genau liest, kann sich über derartige Polemiken nur wundern. Darin ist ausdrücklich von mehr Bürgerbeteiligung, einem grünen Wirtschaftsaufschwung und der Freiheit des Individuums in Verantwortung für die Um- und Nachwelt die Rede. Sinn einer wissenschaftlichen Politik- und Gesellschaftsberatung ist es aber, eine breite und offene ordnungspolitische Debatte in Gesellschaft und Politik anzustoßen, die auch berechtigte Sorgen über den vorgeschlagenen Weg aufgreift.

Sechs Fragen drängen sich dabei auf: Wenn, wie in Übergangsperioden üblich, der Staat einen Gestaltungsauftrag übernimmt und in das Marktgeschehen eingreift, wie können dann Überregulierung und Dauersubventionierung vermieden werden? Wenn eine Strategie der Nachhaltigkeit beachtliche Korrekturen des allgemeinen Mobilitäts-, Ernährungs- und Raumnutzungsverhaltens impliziert, wie kann dann die Bevormundung des Einzelnen verhindert und eine breite Zustimmung erreicht werden? Da nationale Alleingänge die globale Erwärmung und den Verlust an Biodiversität offensichtlich nicht verhindern können, wie soll dann weltweiter Klima- und Umweltschutz jenseits der Nationalstaaten gelingen – und wie kann vermieden werden, dass sich Deutschland auf einen Sonderweg verirrt? Da eine Energiewende ferner massive Vorabinvestitionen erfordert, beschädigt das nicht die Wettbewerbsfähigkeit deutscher Unternehmen und den Arbeits- und Wohnungsmarkt? Schließlich: Wenn die Naturwissenschaft Schädigungen des Erdsystems anzeigt und weiter prognostiziert, wie gehen Politik und Gesellschaft mit den verbliebenen Unsicherheiten um?

1. Rolle der Politik: Klimawandel ist, wie der britische Ökonom Nicholas Stern in seinem Report pointiert formuliert hat, Ausdruck kapitalen Marktversagens, deshalb müsse der Staat korrigierend ins Spiel kommen. (Stern 2006) Anders als in der Energiewende I der schwarz-gelben Regierung von 2010, die niemandem wehtun wollte und den Einstieg in die Erneuerbaren Energien mit einer Verlängerung der Laufzeiten der Atommeiler und der Fortführung fossiler Energieerzeugung verband, setzt ein gestaltender Staat Prioritäten und macht klare Ansagen. Mit Ökodiktatur hat das nicht im Entferntesten zu tun, niemand erliegt Planungsillusionen und übertriebenem Steuerungsoptimismus, ausdrücklich favorisieren wir marktfreundliche Instrumente wie den Emissionshandel.

Eine klimaverträgliche Ordnungspolitik – das lehrt auch der Ordoliberalismus – kann in Übergangsperioden aber nur der Staat anstoßen und einrahmen – wer würde »im Namen der Freiheit« dafür plädieren, die Neuordnung der Energiemärkte den Energieunternehmen selbst zu überlassen? Leitplanken zum Schutz der Grenzen des Erdsystems, klare und verlässliche Regeln für Unternehmen, Anreize für klimaverträgliches Wirtschaften und Innovationen, vor allem aber die Internalisierung schädlicher Wirkungen des Wirtschaftens für die Ökosysteme in die Preise – innerhalb dieses gesteckten Rahmens können Unternehmen und Konsumenten selbst nach den jeweils effizientesten Lösungen suchen. Anders als bei der Dauersubventionierung von Kohle- und Atomenergie, soll und wird sich der Staat in absehbarer Zeit aus seiner Initiativrolle zurückziehen.

In dieser freiheitlichen Variante ist der Gesellschaftsvertrag egalitär und horizontal angelegt. Steuerung erfolgt in diesem Fall nicht über das Wechselspiel von Kommando und Gehorsam, das eine klare Asymmetrie der Machtverteilung unterstellt, sondern durch wechselseitige Überzeugung der Vertragspartner auf Augenhöhe. Im Bezug auf ein Steuerungszentrum namens Staat werden gewünschte Wirkungen also weniger dadurch erzeugt, dass dieser Staat seine Macht gegenüber den Untertanen durchsetzt, als dass er im »Schatten der Hierarchie« kooperiert, moderiert und aushandelt. Dieser Art persuasiver Politik bleibt natürlich immer noch »weiche

Steuerung«, also eine Form der Machtausübung. (Goehler u.a. 2010) Akteure wollen etwas erreichen (z.B. mehr Klimaschutz), das gelingt aber nicht im Durchregieren von oben nach unten und in dauerhaft festgelegten institutionellen Beziehungen, sondern bleibt abhängig vom Kontext, von der Deutung einer speziellen Situation und von der Antwort der Adressaten. Die wesentlichen Mittel dieser Steuerung sind sprachlicher und diskursiver Natur, also gute Argumente und markante Symbole, die weniger strategisch als verständigungsorientiert angelegt sind und eher kommunikative als zwingende Macht erzeugen. Diskurse, Argumente und Symbole stellen Geltungsansprüche und ihre Adressaten unter sanfte Rechtfertigungszwänge. Ein Staatsapparat übt in diesem Zusammenhang nicht mehr Macht aus als eine soziale Bewegung oder Interessengruppe.

2. Individuelle Freiheiten: Ein ordnungspolitischer Sündenfall ist der gestaltende Staat schon deswegen nicht, weil er Beteiligungs- und Mitwirkungsrechte der Bürger und Konsumenten bei der Planung und Erstellung einer klima- und umweltverträglichen Infrastruktur ganz ausdrücklich stützt und stärkt. Eingriffe in Freiheiten sind nur zulässig, wenn Gefahren im Verzug sind und eine vernünftige Güterabwägung vorgenommen wird. Nun beschreiben die Naturwissenschaften mit hoher Plausibilität, dass eine Fortsetzung des vorherrschenden ressourcen- und emissionsintensiven Wachstums irreversible Schäden der Ökosysteme verursachen wird. Also muss – analog zur Abwendung von Gesundheitsrisiken – das Vorsorgeprinzip gelten, wenn die Risiken des Nichthandelns so immens sind wie bei großskaliger Wasserknappheit, dem Abschmelzen des Grönlandeisschildes und dem meterhohen Meeresspiegelanstieg. Es gibt schon gute ökonomische Gründe für diese Prävention, wenn Schäden der Überlastung des Erdsystems die Kosten zu deren Vermeidung bei Weitem übertreffen; dahinter müssen Partikularinteressen besonders klimaschädlicher Industrien zurücktreten.

3. Moralische Gründe treten hinzu, denn die Wirtschafts- und Lebensweise der heutigen Erdbevölkerung begrenzt die Handlungsoptionen künftiger Generationen. »Freiheit« ist – wie gesagt – nicht nur heute ein hohes Gut, auch die Optionen der Nachlebenden dürfen nicht fahrlässig durch heutigen Freiheitsgenuss eingeschränkt werden. Wir müssen und dürfen also Grenzen definieren und Regeln etablieren, um das Erdsystem zu schützen und neue Handlungsspielräume für Wirtschaft und Gesellschaft zu eröffnen, statt sehenden Auges in eine ökologische Sackgasse zu rennen: Emissionsgrenzen, Verschmutzungspreise, Energieeffizienzziele, Einrichtung von ökologischen Schutzzonen, Übereinkünfte über verantwortlichen Konsum sind geboten. Ist damit die Grenze zur Unfreiheit überschritten? Der ghanaische Philosoph Anthony Appiah wundert sich in seiner 2011 erschienenen Schrift zu den Grundlagen moralischer Revolutionen (wie der Abschaffung der Sklaverei und der Kinderarbeit) über so viel Geschichtsvergessenheit.

Für die großen Aufklärer wie John Locke, Immanuel Kant und Adam Smith war ganz klar: »Der freie Wille ist kein Wille, der durch nichts geleitet wird, sondern ein Wille, der sich von Gründen leiten lässt.« (Appiah 2011: 198) Eine Transformationsstrategie kann unmöglich auf Zwang setzen und top-down exekutiert werden, sie ist – wie es unser Bild vom neuen Gesellschaftsvertrag beinhaltet – auf die Überzeugung, Mitwirkung und Ausgestaltung von Konsumenten, Mietern und Bürgern angewiesen. Die industrielle Revolution hat den Menschen enorme Sachzwänge auferlegt und Anpassungsleistungen abgefordert, ohne dass sie groß gefragt wurden. Eine reife Bürgergesellschaft wird also nicht überfordert sein, vernünftige Gründe einer individuellen Verhaltensänderung einzusehen und den Schutz kollektiver Güter nicht durch ein Beharren auf dem Sankt-Florians-Prinzip zu unterlaufen. Studien über den globalen Wertewandel zeigen, dass solche Überlegungen weithin geteilt werden, und Pioniere der Nachhaltigkeit können als Rollenmodelle wirken und die Kluft zwischen Wissen und Handeln verkleinern.

4. Globale Kooperation: Der Bundesregierung wird vorgeworfen, sich mit dem Atomausstieg auf einen nationalen Sonderweg begeben zu haben. Sind daran angesichts deutlicher Bewusstseinsveränderungen in vielen Ländern schon Zweifel angebracht, gilt dies noch mehr für die Sonderstellung beim Einstieg in die Erneuerbaren Energien. Auch in Staaten wie Südkorea, China, Indien und Mexiko ist nach Fukushima der Umbau zur Klimaverträglichkeit beschleunigt worden, der durch die Effekte eines globalen Emissionshandels (vgl. den Budgetansatz des WBGU 2009) gerade auch in den ärmsten Ländern unterstützt werden kann. Es bleibt jedoch die Sorge, das deutsche Vorpreschen sei kontraproduktiv, weil es andere – allen voran die US-Amerikaner – zur Untätigkeit veranlassen könnte. Lösen lässt sich das Klimaproblem in der Tat nur, wenn die globale »High-Carbon-Ökonomie« bis Mitte des Jahrhunderts weitestgehend dekarbonisiert wird.

Die Welt ist besonders in den Schwellen- und Entwicklungsländern energiehungrig und energiebedürftig, der Urbanisierungsprozess galoppiert vor allem in Asien ebenso wie der Flächenverbrauch, und Kohle bleibt massenhaft verfügbar und wird enorm subventioniert. Umsteuern ist hier also eine gewaltige Aufgabe. Dafür müssen angesichts der Schwäche des UN-Systems, die Kyoto-Vereinbarungen aus- und weiterzuführen, subglobale Klimapartnerschaften entwickelt werden. Hier könnte die EU vorangehen; der WBGU zeigt, dass die grüne Transformation billiger wird, wenn sie europäisch umgesetzt wird. Partnerschaften mit schnell wachsenden Schwellenländern in der Energieeffizienzforschung oder der Ausbildung von Ingenieuren für Ressourceneffizienz, die Beschleunigung von Energiepartnerschaften mit Nord- und Schwarzafrika, all das schafft neue Märkte und verhindert die Abwanderung energieintensiver Branchen in Länder mit schwachen Umweltstandards. Städte-, Forschungs- und Universitätsnetzwerke können zu Motoren grüner Innovationen werden.

Die Schwäche globalen Regierens beginnt stets beim Unwillen der Nationen, die globale Dimension ihres Handelns einzubeziehen. Ein erster Schritt wäre, wenn zehn Prozent aller Mitarbeiter in thematisch relevanten deutschen Ministerien Nicht-Europäer wären, aber ein strategisches Vorgehen in der Außenpolitik muss weiter gehen. Auch in der G 20 wird bisher kaum über die Wende zur Nachhaltigkeit diskutiert.

Dabei sehen wir hier den eigentlichen Schlüssel zur Lösung der Finanzkrise und der Überwindung des Nord-Süd-Gefälles. Es ist kein Größenwahn, an diese Menschheitsaufgaben zu erinnern, sondern purer Realismus und die Gewissheit, dass ohne ein höheres Niveau internationaler Kooperation das Erreichen der Grenzen des Erdsystems in weltweiten Konflikten münden wird.

5. Wer soll das bezahlen? Die Kosten der Transformation werden beträchtlich sein, aber sie dürften am Ende nicht mehr als drei oder vier Prozent des Bruttoinlandsprodukts einer reichen Industrienation wie Deutschland und des globalen Bruttosozialproduktes ausmachen. Die zu erwartenden Gewinne durch Energiesicherheit und Vermeidung von Umweltschäden lassen sich realistisch gegenrechnen – mit dem Ergebnis, dass sich gerade am Standort Deutschland die Energiewende mittelfristig auszahlen wird. Es ist nur polemisch, das Gespenst der Kostenexplosion und Deindustrialisierung an die Wand zu malen. Eher trifft zu, dass mit diesem Umsteuern Deutschlands Rolle als Exportnation langfristig gesichert werden kann und neue unternehmerische Impulse gesetzt werden können. Nach meinem Eindruck freuen sich Ingenieure, Techniker, Handwerker und Unternehmer auf diese Herausforderungen und neuen Märkte. Die Impulse für den Arbeitsmarkt dürften ebenso erheblich sein, sodass auch die Sozialverträglichkeit der Transformation gesichert wäre. Der gestaltende Staat muss im Übrigen dafür sorgen, dass diese auch bei der energetischen Sanierung des Altwohnungsbestandes gegeben ist und die Kosten nicht einseitig auf die Mieter abgewälzt werden.

6. Die Rolle wissenschaftlicher Expertise: Eine Besonderheit der globalen Erwärmung besteht darin, dass die gravierenden Folgen des Klimawandels erst ab circa 2030 eintreten werden, dann aber nicht mehr verhindert werden können. Wir müssen also heute aus Einsicht und auf der Grundlage wissenschaftlicher Erkenntnis handeln. Deshalb ist die Bedeutung von Forschung und Bildung im Transformationsprozess besonders wichtig. Der WBGU plädiert vor diesem Hintergrund nicht etwa für eine »Gelehrtenrepublik«, wohl aber für eine aktive Rolle der Wissenschaft im Prozess der gesellschaftlichen Selbstaufklärung. Entscheiden muss die Politik, Richtungsänderungen müssen von der Gesellschaft getragen und von den Wählern legitimiert werden.

Die Wissenschaft hat eine dienende Rolle, aber sie sollte sich ihrer Verantwortung bewusst sein. Stellen wir die richtigen Fragen? Arbeiten wir in zukunftsfähigen Netzwerken zusammen? Wie können die Disziplinen besser kooperieren, um Beiträge zum klimaverträglichen Umbau der Gesellschaften zu leisten? Vermittelt die Wissenschaft ihre Erkenntnisse und Grenzen des Wissens angemessen in die Gesellschaft? Hier hat die Wissenschaft eine große Bringschuld, und sie muss die Gratwanderung zwischen Wissenschaftsfreiheit und Anwendungsorientierung immer neu bestehen. Die vom WBGU vorgeschlagene Kombination von Transformationsforschung und transformativer Forschung könnte hier eine gute Diskussionsgrundlage bieten.

Der neue Gesellschaftsvertrag umfasst den gestaltenden Staat, eine aktive Bürgergesellschaft, innovative Unternehmen und Technologie und wissenschaftliche Reflexion und

Beratung. Alle vier Partner stehen heute unter einer grundlegend neuen Voraussetzung: Ihnen läuft, angesichts der Grenzen des Erdsystems und der schlichten Physik des Klimawandels, die Zeit davon. Wer Lösungen aufschiebt, hat morgen und übermorgen umso größere, vielleicht unlösbare Probleme. Damit werden die Grundlagen der Moderne erschüttert, die offene Horizonte voraussetzte, darunter viel Zeit für wissenschaftliches Nachdenken, aufschiebende Kompromissbildung in der Politik, lange Schleifen von Versuch und Irrtum in Wirtschaft und Technik und »andere Sorgen« von Privatleuten. Man schelte bitte nicht die Überbringer der Botschaft des Alarmismus, wenn sie diese Zeitdimensionen der Transformation ansprechen. Sie anzuerkennen ist notwendig, wenn wir lernen und etwas bewirken wollen.

4. Weniger ist mehr

Zeit der Bescheidenheit

»Am Start des zweiten Jahrzehnts des 21. Jahrhunderts steht die Weltgemeinschaft vor einer wichtigen Entscheidung. Wir können entweder weiterhin kurzfristige Eigeninteressen vertreten und an den altgedienten Mustern festhalten, die uns in die Krise geführt haben. Oder wir können als Weltbürger zusammen im Sinne eines langfristigen globalen Allgemeinwohls agieren. Nach der Wirtschaftskrise der vergangenen zwei Jahre müssen wir uns auf eine Zeit der Bescheidenheit einstellen. In dieser neuen Realität werden von uns kollektive Opfer verlangt, um die Zukunft zu sichern.« (Handelsblatt, 26.01.2011)

Diese bemerkenswerte Ansage stammt von Klaus Schwab, dem Gründer des Weltwirtschaftsforums in Davos, das noch vor zwei, drei Jahren kaum solche Bescheidenheit propagiert hätte und sich über Wachstumskritik stets lustig gemacht hat. Die ausgerufene Bescheidenheit und die Parole »Weniger ist mehr« (less is more) klingen im Davoser Kontext leicht zynisch: Wenn der reiche Norden nur dem Rest der Erdbevölkerung weniger Wachstum, Produktion und Verbrauch verordnete, würde er sich vollends unglaubwürdig machen. Eine Plakataktion von »Brot für die Welt«, der Hilfsaktion der evangelischen Kirchen in Deutschland, hat darauf treffend aufmerksam gemacht: »Weniger ist leer.«

Doch auch unter Respektierung globaler Gerechtigkeitsprinzipien und Grundbedürfnisse bleibt wahr, dass der Planet Erde die explosionsartige Steigerung des Ressourcenverbrauchs nicht tragen könnte, die bei Ausdehnung des aktuellen Verbrauchs an Rohstoffen und Energie auf die heutigen Schwellenländer zu erwarten wäre. Vor allem in den heutigen Megacitys der BRIC-Staaten, also Brasilien, Russland, Indien und China, sind nicht länger die Stimulierung von Wachstum und nachholende Modernisierung angebracht, sondern von vornherein eine alternative Entwicklung und eine Umformatierung des Wohlstands. Der gewitzte indische Premier Singh soll dies bei einem Gipfeltreffen mit Bundeskanzlerin Merkel mit einer eleganten Handbewegung eingeräumt haben: »Wir werden, gnädige Frau, stets unter den Treibhausgasemissionen bleiben, welche Deutschland und die anderen reichen Länder verursachen.« Es ist eine Frage der historischen Gerechtigkeit, dass die Industrieländer vorangehen und damit Indien und andere Schwellenländer veranlassen, ihrerseits andere Wege in der Energieerzeugung und beim Ressourcenverbrauch zu gehen.

Indien ist eine der größten Demokratien der Welt. Wie in anderen Schwellenländern, etwa Brasilien und Indonesien, muss es dort gelingen, die Mesalliance zwischen Wirtschaftswachstum, Ressourcenverbrauch und liberaler Demokratie aufzulösen und Grundbedürfnisse und Glücksstreben der Völker ins Zentrum zu rücken.

Reduce to the max

Beginnen wir mit der schieren Denkfigur der Reduktion. *Entia non sunt multiplicanda sine necessitate* (Entitäten dürfen nicht über das Notwendige hinaus vermehrt werden), formulierte 1654 der Theologe und Philosoph Johannes Clauberg als ein Prinzip, das später unter der Bezeichnung Ockhams Rasiermesser in die Wissenschaft einging. Das Entwicklungsmuster der Moderne war dann eher eine expansive Tonnenideologie, von der wir uns heute schon gedanklich schwer verabschieden können. Der Urbanist Buckminster Fuller hat mit der »Ephemerisierung« eine gegenläufige Rezeptur entwickelt, die zu immer kleineren, leichteren und effizienteren Maschinen und Anwendungen führen soll. Praktischen Anklang fand die Parole nicht zufällig in der Architektur und generell in der Kunst. Baumeister, Texter und Designer setzen gerne das Rasiermesser an.

Der Wiener Architekt Adolf Loos bezeichnete in programmatischer Kleinschrift das »Ornament als Verbrechen« und forderte seinen Berufsstand auf, sich auf das Wesentliche zu beschränken: »Der ungeheure schaden und die verwüstungen, die die neuerweckung des ornamentes in der ästhetischen entwicklung anrichtet, könnten leicht verschmerzt werden, denn niemand, auch keine staatsgewalt, kann die evolution der menschheit aufhalten. Man kann sie nur verzögern. Wir können warten. Aber es ist ein verbrechen an der volkswirtschaft, daß dadurch menschliche arbeit, geld und material zugrunde gerichtet werden. Diesen schaden kann die zeit nicht ausgleichen.« (Loos 1908: 195) Das Klima-Manifest, das mehrere Architektenverbände 2010 vorgelegt haben, knüpfte indirekt an solche Überlegungen an; hitzig wird diskutiert, wie man Ästhetik und Wärmedämmung in einer nachhaltigen Architektur vereinbaren kann.

Loos ging es notabene nicht um Verzicht: »Der vertreter des ornamentes glaubt, daß mein drang nach einfachheit einer kasteiung gleichkommt. Nein, verehrter herr professor aus der kunstgewerbeschule, ich kasteie mich nicht! Mir schmeckt es so besser.« (Loos 1908: 195) Er rief damit die Alltagserfahrung auf, dass ein maßvolles, aber schmackhaftes Gericht besser mundet als eine »All you can eat«-Völlerei minderer Qualität. Oder dass ein teurer handgemachter Schuh dreimal so lange in Form bleibt wie der Billigturnschuh aus Fernost. Im Design, in der Architektur und im Städtebau gibt es interessante Beispiele für wohlgefällige Einfachheit, wobei die postmoderne Gegenbewegung nicht auf sich warten ließ: »Less is a bore«, spottete Robert Venturi, und Rem Koolhaas machte sich lustig: »If less is more, maybe nothing is everything.« Und der Wiener Philosoph Robert Pfaller hat jüngst noch einmal an die Aspekte seliger Verschwendung, Vergeudung und Übertreibung erinnert, die moderne Kulturen auszeichnen. (Pfaller 2011) Offenbar tragen wir zwei Seelen in unserer Brust.

Gutes Leben

Gutes Leben bedeutet weder Askese noch Völlerei an und für sich. In allen Kulturen sind überzeugende, auf Universalisierung angelegte Aspekte und Dimensionen des Guten dargelegt worden, und zwar nicht als bloße Durchschnittswerte subjektiver Vorlieben und Befindlichkeiten, sondern als bewertende Kategorien für Situationen, in denen Menschen die Wahl haben. In der »Nikomachischen Ethik« (Aristoteles 1998) war das Gute an sich und nicht im Bezug auf ein anderes Gut erstrebenswert – alle anderen Güter sollten vielmehr im Bezug auf das Gute erstrebenswert sein. Auch in der heutigen praktischen Philosophie, die sich nur noch partiell auf die antike Tugendlehre bezieht, ist gutes Leben kein quantifizierbarer Zustand, sondern eine Handlung, ein von Vernunft und Gefühl geleitetes Tätigsein. Seine Erfüllung beruht nicht einzig oder vornehmlich auf der Anhäufung einer großen Zahl materieller Güter, überhaupt nicht vornehmlich auf Annehmlichkeiten oder Genüssen, sondern auf der Erfüllung von Menschlichkeit in einem umfassenden, für Mitmenschen und Umwelt zuträglichen Sinn. Dazu gehört die Entfaltung des Selbst, d.h. der einer Person gegebenen Möglichkeiten, ebenso wie der Gemeinsinn, die Übernahme von Verantwortung für das allgemeine Wohl sowie die Anerkennung einer Reihe von Gerechtigkeitsprinzipien.

Gutes Leben ist gewiss von der Möglichkeit zur Befriedigung bestimmter Grundbedürfnisse abhängig, auch vom Vorhandensein individueller Spielräume und Optionen, die wiederum materiell abgesichert sein müssen. Darüber hinaus spielen beim *pursuit of happiness* aber immaterielle Faktoren eine Rolle, wie die Anerkennung durch andere, die Einbettung in Gemeinschaften und Netzwerke verschiedener, vor allem familiärer Art, aber auch ästhetischer Genuss und hedonistische Ziele. Demokratische Gesellschaften haben zu Recht auf dem Gleichheitsprinzip insistiert und dafür gesorgt, dass solche Ziele nicht nur für die *happy few* erreichbar sind. Sie müssen sich aber offenbar davon verabschieden, diese egalitären Ziele nur über mehr Wachstum im herkömmlichen Sinne erreichen zu wollen, also über Verschuldung und Umweltverbrauch.

Jede Transformationsstrategie, die plausibel machen kann, dass vorgeschlagene Veränderungen die subjektive Lebenszufriedenheit nicht nur nicht trüben, sondern sogar erhöhen können, ist erfolgversprechender als eine Strategie, die allein aus äußeren Zwängen Minderungen verordnet und damit Problemverdrängung und Verlustaversion auslöst. Man adressiert damit nicht nur die *natural boundaries*, die physischen Schranken der menschlichen Fähigkeiten (Rockström et al. 2009), sondern auch die *open frontiers*, die Möglichkeiten bis zum Griff nach den Sternen, die Menschen anstreben.

Der Homo oeconomicus hat sich angewöhnt, diesen Aus- und Zugriff »den Märkten« zu überlassen und an sie kein Tugendmaß mehr heranzutragen. Vor dem Hintergrund der aufgezeigten Risiken des globalen Klimawandels, des Verlustes von Biodiversität sowie der multiplen Krisen der Weltgesellschaft stellt sich aber zunehmend die Frage, ob eine solche Fokussierung die individuellen Freiheiten heute und in Zukunft lebender Generationen tatsächlich noch schützt.

Das Bewusstsein der Grenzen des Wachstums leitet den Blick somit nicht allein auf natürliche Grenzen von Ressourcen, Belastungen, Emissionen etc., sondern auch auf die möglichen Folgen unbegrenzten Wachstums für die individuelle Freiheit heutiger wie künftiger Generationen. Selbstbeschränkungen heute, etwa beim Konsum, sichern künftige Handlungschancen, die bei längerem Zuwarten nicht mehr gegeben sein werden. Bei genauerer Betrachtung ergibt sich, dass heute möglicherweise als Verzicht wahrgenommene Beschränkungen dazu führen können, dass diese künftig lebende Individuen und Gesellschaften entlasten.

Das zeigen bereits aktuelle Vorstöße, die allgemein akzeptiert werden: Menschen sind, wie die Beispiele des Rauchverbots und der Schuldenbremse zeigen, sehr wohl fähig, die Vehemenz ihrer spontanen Wünsche erster Ordnung (die kurzfristigen Präferenzen) durch Wünsche zweiter Ordnung (das sind Wünsche, die sich auf Wünsche beziehen) zu zähmen und dafür Mäßigungen und Kooperationen einzugehen. Damit legen sie eine vorsorgende Einstellung gegenüber möglichen Vorlieben bzw. der Entwicklung dieser Vorlieben in der Zukunft an den Tag. (Schaal/Ritzi 2008)

In diesem Sinne kommen, nun wieder technisch gesprochen, drei Nachhaltigkeitsaspekte zur Geltung: Öko-Effizienz (die Erhöhung der Ressourcenproduktivität), Konsistenz (der Übergang zu naturverträglichen Technologien, die die Stoffe und die Leistungen der Ökosysteme nutzen, ohne sie zu zerstören) und Suffizienz (die Beendigung des Überverbrauchs von Gütern, Stoffen und Energie). Die Senkung des Energie-, Material- und Wasserverbrauchs rückt damit ins Zentrum der öffentlichen Aufmerksamkeit, der wirtschaftlichen Prozesse und der wissenschaftlichen Forschung. Und natürlich auch der politischen Entscheidungseliten, die vor der Frage stehen, ob sie angesichts einer vielfach propagierten »Geiz ist geil«-Mentalität und der angeblichen Systemrelevanz bedingungslos konsumbereiter Massen auf einen Bewusstseinswandel setzen können.

Appetit auf weniger

In diesem Sinne ist nun eine kulturelle Gegenströmung zu beachten, die mehr das Weglassen als das Ausstaffieren, weniger Opulenz als vielmehr Frugalität schätzt. Würde Nachhaltigkeitspolitik auf ohnehin gegebene Präferenzordnungen zurückgreifen können und damit einer Realisierung unerfüllter, aber erfüllbarer Wünsche gleichkommen, dann könnte eine politische Wende auf breiter Front leichter erfolgen und in effektives Handeln umschlagen – Weltklima und Artenvielfalt wären sozusagen nebenbei zu retten.

Wie stark ist aber der Werte- und Bewusstseinswandel? Episodische Hinweise geben uns Büchertische und Bestsellerlisten: Auf ihnen findet man zum Beispiel stapelweise die Ratgeberserie »Simplify your life« von Marion Küstenmacher (evangelische Theologin, Verlagslektorin und Persönlichkeitstrainerin) und Werner Tiki Küstenmacher (evangelischer Pfarrer und TV-Moderator). Um den »Überdruss am Überfluss« zu bekämpfen, gibt das Autorenpaar praktische Tipps, wie man sein Leben am besten entspannen, entrümpeln und entschleunigen kann: weniger Sachen besitzen, mit weniger Geld auskommen, mehr Zeit haben, mehr auf seine Gesundheit achten, mitmenschliche Kontakte und Partnerschaften pflegen, dem Ich und den spirituellen Dimensionen des Lebens mehr Raum geben. Die Millionenauflage der (in mehrere Sprachen übersetzten) Bücher deutet auf die Attraktivität dieses Gedankenguts hin. Großen Zuspruch finden auch wieder Bücher, die einen vegetarischen Lebensstil propagieren, etwa jüngste Streitschriften von Jonathan Safran Foer und Karen Duve, die vor wenigen Jahren in der Esoterikecke gelandet wären. Sympathisch ist, dass diese Autoren nicht mit dem erhobenen Zeigefinger daherkommen; sie legen nahe, stellen anheim, machen regelrecht Appetit auf weniger.

Die Sehnsucht nach Einfachheit hat die Wachstumsökonomien stets begleitet. Richard Gregg formulierte die Maxime »Voluntary Simplicity« schon 1936 und konnte auf Gegenentwürfe zum späteren American Way of Life bei Henry David Thoreau und Ralph Waldo Emerson zurückgreifen. Heute machen Zukunftsforscher einen breiten »Simplify-Trend« aus, der aus der alternativen Öko-Nische, wo Askese zur Weltrettung gepredigt wurde, ausgegriffen habe auf Meinungsführer und Trendsetter im Mainstream, die ihr Konsumverhalten unter dem Gesichtspunkt der individuellen Selbstverwirklichung auf den Prüfstand stellen.

Zu erwähnen sind der 1990 gegründete »Verein zur Verzögerung der Zeit« und »Slowfood Deutschland e. V.«, 1992 nach italienischem Vorbild von dem Weinhändler Eberhard Spangenberg ins Leben gerufen. Schematisch kann man diese Aspirationen und Experimente der herkömmlichen Lebensführung so gegenüberstellen:

LAU (Lifestyle as usual)	LOVOS (Lifestyle of Voluntary Simplicity)
Beschleunigung	Entschleunigung
Prestige, Status	Achtsamkeit, Individualität
Außenleitung / Konformismus	Innenlenkung / Urteilskraft
Sachzwang	Freiwilligkeit
Konsum (Hedonismus I)	Lebensfreude (Hedonismus 2)
Upgrade (Akkumulation)	Downshifting (Entrümpelung)
Funktionalität	Ganzheitlichkeit
Materialismus	Spiritualismus
Monetäre Werte	Ideelle Werte
Medienkonsum	Persönliches Gespräch
Erwerbsarbeit	Nachbarschaftshilfe, Ehrenamt
Egoismus	Solidarität
Consumerism	Voluntary Simplicity

Gestützt werden gewandelte Präferenzen durch einen breiten, im Übrigen weltweit erkennbaren Wertewandel, der die Übermacht materialistischer Zielsetzungen herausfordert und sich in bestimmten sozialmoralischen Milieus zur Kulturvorschrift auszuweiten beginnt. Wenn anstelle des omnipotenten Bruttoinlandsprodukts (BIP) als Indikator von Wachstum und Wohlstand neuerdings auf breiter Front, so auch seitens einer Enquêtekommission des Deutschen Bundestags, umfassendere und alternative Indikatoren menschlicher Entwicklung vorgeschlagen werden, die das Lebensglück bzw. die subjektive Lebenszufriedenheit in den Mittelpunkt rücken, zeigt das an, wie eine diffuse, zunächst noch gar nicht auf das Gemeinwesen bezogene Bewegung auch im politischen System an Bedeutung gewinnt. Wenn die Leistungsfähigkeit von Volkswirtschaften, politischen Systemen und Gesellschaften künftig ganzheitlicher ermessen und bewertet wird, ist das keine akademische Übung; die Erkenntnisse der Bundestags-Enquête zum Beispiel sollen sich auch in der Finanzpolitik niederschlagen.

Unterstützt wird dieser Wertewandel dadurch, dass die gefühlten und tatsächlichen Folgen der Exzesse des Casino-Kapitalismus der globalisierten Marktwirtschaft Legitimation entzogen haben und die Überzeugung wächst, dass sich die Aktivitäten des Wirtschaftssystems stärker den Ambitionen guten und gelingenden Lebens ein- und unterordnen sollen. Laut einer im Herbst 2010 veröffentlichten Umfrage des Emnid-Instituts (Bertelsmann-Stiftung 2010) sind große Teile der deutschen Bevölkerung heute ebenso wachstumskritisch wie kapitalismusskeptisch: Nur noch ein Drittel glaubt daran, dass wirtschaftliches Wachstum automatisch ihre private Lebensqualität steigern wird. Immaterielle Werte wie soziale Gerechtigkeit und Umweltschutz werden unterdessen für so wichtig erachtet, dass sie die Haltung der Deutschen zum Wirtschaftssystem bestimmen. Die große Mehrheit der Befragten hält das derzeitige System für ungeeignet, den Schutz der Umwelt und den sorgsamen Umgang mit den Ressourcen sowie den sozialen Ausgleich in der Gesellschaft genügend zu berücksichtigen. Wenn eine andere Umfrage der Beratungsgesellschaft Ernst & Young zu dem ähnlichen Ergebnis kommt, dass Unternehmen von der Bevölkerung (und den Beschäftigten) nicht an ihren Gewinn- und Umsatzzahlen gemessen werden, sondern daran, dass sie »einen positiven gesellschaftlichen Beitrag leisten, dass sie sich vor allem für den Umweltschutz einsetzen und vor allem wirksame Maßnahmen gegen Korruption ergreifen« (FAZ, 12.07.2011), ist das ein weiterer Beleg für den Wunsch nach demokratischer Wiedereinbettung der außer Kontrolle geratenen Wirtschafts- und Bankunternehmen.

Am Wirtschaftsministerium in Berlin prangte im Frühjahr 2011 ein stolzes Transparent mit einem Zitat des britischen Magazins The Economist, es sei Zeit, das »German Wirtschaftswunder (#2)« zur Kenntnis zu nehmen. Zur Kenntnis nehmen sollte man aber auch, dass die Mehrheit der Deutschen eine »neue Wirtschaftsordnung« wünscht und der Leistungsfähigkeit und Krisenfestigkeit marktwirtschaftlicher Ordnungen so stark misstraut wie seit Ende der 1940er-Jahre nicht mehr. Der Antikapitalismus legt heute kaum noch sozialistische Alternativen nahe, eher gefordert ist die Unterordnung des außer Kontrolle geratenen und in vieler Hinsicht lebensfernen Wirtschaftssystems. Der Dax sollte sich nicht so breit machen, Börsenfernsehen ist eine Pein …

Das Motto »Weniger ist mehr« provoziert dann nicht nur individuelle Kaufentscheidungen, sondern auch die gängige Haushaltpolitik der reichen Länder, die seit den 1970er-

Jahren auf einer wachsenden Staatsverschuldung beruhte. Wenn die Revolte der Tea Party zu etwas nütze sein soll, dann höchstens dazu, das Schuldenmachen endlich nicht mehr als probates Instrument der (Um-)Verteilung und des Krisenmanagements weiterlaufen zu lassen. Genau wie die Umweltzerstörung belastet es künftige Generationen und schwächt die staatliche Steuerungsfähigkeit. »Schulden unterwandern den Staat, sie machen die Politiker zu Laufburschen der Banken, zu Nothelfern der Märkte, sie entwürdigen die Politik und die Demokratie« (ZEIT, 04.08.2011), fassen Marc Brost und Bernd Ulrich den sich abzeichnenden Konsens für ausgeglichene Budgets und Haushaltsdisziplin zusammen, der das *Deficit Spending* rechter wie linker Regierungen in die Schranken ruft. Das bedeutet nicht, dass man auf eine andere Haushaltspolitik des Staates warten darf. Die private Verschuldung hat ebenso drastisch zugenommen, und Veränderungen beginnen beim politischen Konsum, einer vernachlässigten und unterschätzten Größe des demokratischen Aufbruchs.

Politischer Konsum oder Greenwashing

Vom Wissen (und Zweifeln) zum effektiven Handeln führt ein langer und beschwerlicher Weg. Jede/r kennt das Gefühl des Versagens, wenn man es wieder einmal theoretisch besser hätte machen können. Jeder Mensch kennt es auch an der Einkaufstheke, bei der Wahl des Verkehrsmittels, bei der Planung der Urlaubsreise, bei der Zusammenstellung eines schlichten Abendessens. Wie politisch kann Konsum sein, wie agieren Konsumenten als Bürger? Und wie reagieren die Produzenten von Waren und die Anbieter von Dienstleistungen darauf? Die »politische Ohnmacht des Verbrauchers« hat Helmut Schelsky zum Dogma erhoben. (Schelsky 1976) Der einflussreiche Soziologe behauptet, dem Konsumenten fehle es – anders als den organisierten Interessen von Kapital und Arbeit und mangels eines Stimmrechts bei Wahlen – an einer wirksamen Vertretung und Artikulationsmöglichkeit seiner Interessen. Zwar könnten Verbraucher theoretisch massenhaften Kaufverzicht üben, generell wie gegenüber bestimmten Produkten und Marken. Aber um das zu organisieren, fehle es ihnen an Instrumenten und Ressourcen.

Den wirksamen Boykott, den 1995 Kunden gegen die Firma Shell übten, um gegen die geplante Versenkung der Bohrplattform Brent Spar zu protestieren, hat wiederum den Soziologen Ulrich Beck vom Bündnis einer aktiven Konsumgesellschaft mit der direkten Demokratie träumen lassen. Aber es blieb bei der allgemeinen Überzeugung, eine Politik im Supermarkt könne nicht funktionieren. Der ethische Verbraucher und der politisierte Konsum gelten als Schimären. Wer wie Tanja Busse eine »Einkaufsrevolution« (Busse 2006) als Mittel der Energiewende und des Klimaschutzes, des Einstiegs in eine nachhaltige Politik propagiert, dem schlägt der Vorwurf der Naivität entgegen. Aus der Sicht der Kritiker handelt es sich beim kritischen Konsum um ganz vereinzelte, auf schmale soziale Milieus begrenzte und somit weitgehend symbolische Maßnahmen, deren geringe Wirkungen im Übrigen durch sogenannte Rebound-Effekte aufgezehrt oder überkompensiert würden. Angelastet wird das vor allem den LOHAS, den Anhängern des »Lifestyle of Health and Sustainability«, die sich durch überdurchschnittliche Einkommen und Bildung, aber eben auch einen besonders starken ökologischen Fußabdruck auszeichnen; sie beruhigten mit ökologisch korrekterem Kaufverhalten ihr schlechtes Gewissen, um durch andere Kaufakte noch mehr Emissionen zu produzieren.

Der kritische Verbraucher als Lachnummer – dieser herrschenden Meinung kann man empirische, konzeptionelle und nicht zuletzt politische Argumente entgegensetzen.

a) Empirisch hat eine große Zahl erfolgreicher Boykottmaßnahmen Unternehmen in einem internen Lernprozess zur unmittelbaren oder mittelfristigen Modifikation ihrer Geschäftspolitik veranlasst. Nachweislich hat politischer Konsum, der durch Nichtregierungsorganisationen und soziale Bewegungen propagiert und mobilisiert worden ist, weltweit einen Anstieg umweltschonender, nach den internationalen Arbeitsrichtlinien hergestellter und fair gehandelter Produkte nach sich gezogen.

b) Normativ wird eine wirksame Boykottaktion jedoch weniger geschätzt als politische Beteiligungsformen, etwa der Ausgang einer Wahl und eine Protest- oder Gewaltaktion sozialer Bewegungen. In der Perspektive der Parteien- und Verbändedemokratie gelten Konsumentenbewegungen als formlos und flüchtig, und ein Protestmotiv, das sich in der ökonomischen Sphäre ansiedelt, also über Markt und Preis wirkt, erscheint weniger honorig und legitim als politische Formen der Interessenvertretung. Der Staatsbürger ist König, Otto Normalverbraucher ein Bauer.

c) Politisch wird Konsum immer, wenn konkrete politische Ziele auf dem (Um-)Weg wirtschaftlicher Transaktionen verfolgt werden. (Holzer 2007) Das gilt für die nur scheinbar unpolitische Konsumgesellschaft generell. Ich erinnere mich an einen Ausruf des Vordenkers der amerikanischen Neokonservativen, Irving Kristol, der sein Glaubensbekenntnis so darlegte: »The Left goes rioting, the right goes shopping.« Siegesgewiss behauptete er, die kauflustige Rechte habe gewonnen, während die randalierende Linke zur bedeutungslosen Größe geworden sei. Darin lag eine bittere Wahrheit: Während der Bankenkrise 2008 flehten die Staats- und Regierungschefs ihre Völker geradezu an, »shoppen« zu gehen, also Binnenmarkt und Außenhandel nicht durch Kaufverzicht einbrechen zu lassen – so stark war die Abhängigkeit des Dealers von seinem User. Der politische Charakter des Konsums, auch in seiner symbolischen Dimension, liegt also auf der Hand. Aber umgekehrt wird auch ein Schuh daraus: Konsumenten können auch als solche *consumer citizens* politisch aktiv werden.

Im Zentrum einer offensiven Verbraucherpolitik steht dann nicht mehr, wie beim klassischen Verbraucherschutz, die Information des Verbrauchers, der Einsatz für freien Wettbewerb und die Qualität von Produkten, sondern das Ziel, mit wirtschaftlichen Instrumenten die politischen Bedingungen der Herstellung und des Verbrauchs von Gütern und Dienstleistungen selbst zu verändern. Damit werden Märkte »moralisiert«, das Subsystem Wirtschaft für politische Präferenzen durchlässiger. Die möglichen Folgen würden einem Irving Kristol nicht gefallen: Mit der industriellen Revolution und dem Massenkonsum verbunden war die weitgehende Entbettung der Ökonomie aus ihren sozialen und lebensweltlichen Bezügen.

Das Wirtschaftssystem bekam eine Autonomie, die einerseits bis dahin ungeahnte Zuwächse an Produktivität und Massenwohlstand möglich machte. Andererseits wurde die Gesellschaftsordnung insgesamt kapitalistisch, indem die Funktionsprinzipien des Marktes über ihre Zuständigkeiten hinaus in andere Teilsysteme (wie Politik, Kultur, Familie etc.) ausstrahlten und Kosten-Nutzen-Kalküle zum umfassenden Deutungsmuster der Gesellschaft insgesamt wurden. Wir haben schon gezeigt, dass sich »grüne« Konsumenten wie Unternehmer grundsätzlich auflehnen; da sie nicht länger eine Quantité négligeable darstellen, muss sich die kapitalistische Marktwirtschaft darauf einstellen.

Generell muss man deshalb falsche Alternativen vermeiden, die zum Beispiel der Philosoph Armin Grunwald aufgemacht hat: »Es geht, sollen die großen Nachhaltigkeitsprobleme ernsthaft in Angriff genommen werden, nicht um umweltbewussten Einkauf, sparsames Autofahren und sorgfältige Mülltrennung, sondern um das Engagement ›von Bürgern, Gruppen und Institutionen‹ in der ökologischen Umgestaltung der Gesellschaft – und dies bedeutet zu einem großen Teil ein Engagement dafür, dass die Mechanismen, Funktionsweisen und Erfolgsbedingungen moderner Gesellschaften mit den in der Polis verfügbaren Mitteln in Richtung auf Nachhaltigkeit modifiziert werden.« (Grunwald 2010: 182)

Dem ist zu Recht widersprochen worden: »(Z)u behaupten, privates Umwelthandeln und nachhaltiges Konsumverhalten seien weitgehend irrelevant, vereinfacht die Zusammenhänge von Konsum und Produktion, baut auf einem verengten Politikbegriff auf und entlässt die Konsument/innen vorschnell aus ihrer Verantwortung.« (Siebenhüner 2011: 14)

Fazit: Kritiker des politischen Konsums verkennen die systemischen Zusammenhänge, reden die Chancen strategischen Konsums klein und unterschätzen die Sammlungs- und Organisationsimpulse einer kritischen Konsumentenbewegung. »Verantwortliches Handeln im Sinne des nachhaltigen Konsums ist nicht schwieriger als politisches Handeln, sendet politische Signale, kann beachtliche Wirkung haben, wird durch neue Handlungsspielräume gestärkt und ist Teil der kooperativen Verantwortung in modernen Gesellschaften.« (Bilharz u.a. 2011: 13) Natürlich wird strategischer Konsum nie das Große und Ganze ändern, aber das von Grunwald beschworene Engagement von Bürgern, Gruppen und Institutionen läuft ins Leere, wenn sich nicht parallel Konsum- und Verhaltensmuster im Alltag verändern.

Der Bogen vom minimalistischen Denkmodell des Rasiermessers über die volkstümliche Kapitalismuskritik und die Schuldenbremse zum politischen Konsum schließt sich, wenn Konsumenten das Verhalten der Produzenten von Gütern und Dienstleistungen verändern. Sie erhalten ihre Signale wesentlich über den Markt, und daran wird (und soll) sich nichts ändern. Der kulturelle Wandel und die Aktivität sozialer Bewegungen vermitteln Unternehmen aber ein zusätzliches Signal über gegenwärtige und mögliche Präferenzen von Trendsettern wie Normalverbrauchern, und zwar oftmals besser, als es meist an statischen Vorgaben ausgerichtete Marktforscher und Beraterfirmen tun. (Reichel 2009)

Auch Konsumenten dürfen also nicht mit fertigen infrastrukturellen und technischen Lösungen konfrontiert werden, etwa im Energiebereich. So perfekt diese ingenieurtechnisch erscheinen mögen (was sie in der Regel ohne Berücksichtigung von Kundenwünschen nicht sind), sie werden ohne kulturelle Plausibilität nicht akzeptiert. Gefragt ist also die Aufklärung des Konsumenten zum »produser«, der Übergang zu einer nutzengesteuerten Inhalts- und Produkterstellung; neue Informations- und Kommunikationstechnologien (v.a. Wiki und Shareware bzw. Open-Source-Formate) spielen dabei eine große Rolle. Zur neuen Wirtschaftswelt, die Klaus Schwab und Irving Kristol beschwören und zugleich fürchten, gehört dann wohl auch, dass sich klassische Unternehmensorganisationen genossenschaftlich oder stiftungsförmig öffnen und hier und dort sogar die Geldwirtschaft durch naturalwirtschaftlichen Tausch ergänzt wird. Kein Bereich von Wirtschaft und Gesellschaft ist mehr sakrosankt. Wie die Veränderung konkret aussehen könnte, soll nun am Beispiel der individuellen und kollektiven Auto-Mobilität illustriert werden.

5. Fat Cars

Auto-Biografie

Mobilität ist nicht nur ein Merkmal, sondern auch ein Wert moderner Gesellschaften, die räumlich wie sozial vielfache Möglichkeiten bieten, sich von hemmenden Wurzeln zu lösen. Speziell die individuelle Mobilität per Schiff, Kraftwagen und Flugzeug erlaubte – zunächst stets als Privileg einiger Reicher, später als Massenbewegung – die Überwindung großer Distanzen in immer kürzerer Zeit, und speziell dieses ausgreifende Raumgefühl vermittelte jene Qualität, die heute stets mit individueller Beweglichkeit verbunden wird: freie Fahrt für freie Bürger.

Das kann wohl jeder nachvollziehen. Als Kind der Nachkriegszeit, als für die meisten das Auto erst ein Luxus und bald ein Statussymbol war, kann ich mich gut an das Gefühl von Möglichkeiten erinnern, das mich befiel, wenn wir damals mit unserem grasgrünen Käfer die (seinerzeit noch recht hermetische) Grenze nach Belgien, Holland oder erst recht nach Frankreich überwanden. Diese autobiografische Reminiszenz, die viele Babyboomer meiner Generation teilen dürften, führt zu einer echten Auto-Biografie, einer Lebensgeschichte also, in der das Automobil über lange Jahrzehnte eine ganz zentrale Bedeutung hatte. Nicht nur als Fortbewegungsmittel war es wichtig (ich habe irgendwann aufgehört, mein Kilometerkonto in Erdumrundungen umzurechnen), von Bedeutung war auch, dass es in meinem Besitz war, dass es eine bestimmte Form hatte und eine gewisse, sich im Laufe der Jahre ständig steigernde PS-Leistung und Geschwindigkeit auf die Straße brachte. Eine rasende Fahrt auf einer wenig befahrenen nächtlichen Autobahn, eine Spazierfahrt über gewundene Nebenstraßen durch ein ansprechendes Landschaftspanorama, auch Öl- und Gummigeruch aus einer Reparaturwerkstatt vermochten mich regelrecht in Entzückung zu versetzen. Als Halbwüchsiger pilgerte ich zu Formel-1-Wettbewerben, später schaute ich mir die Boliden im Fernsehen an. Das nennt man wohl – einen »Autoverrückten«.

Die auto-biografische Abschweifung muss sein, damit die Aussage, dass ich mein letztes Auto vor zwei Jahren verkauft habe und auch auf Fahrten mit Autos anderer Leute möglichst verzichte, nicht oberlehrerhaft daherkommt, wie die Predigt eines Antialkoholikers an den Trinker oder moralinsauer als Abrechnung des Konvertiten mit dem Ungläubigen. Sondern als nüchterner und selbstreflexiver Bericht über eine erfolgreiche individuelle Entwöhnung, der eine kollektive Rationalisierung gängiger Mobilitätsmuster folgen möge, ebenso freiwillig und guter Dinge. Natürlich werde auch ich immer wieder rückfällig. Verzichte – das beste Beispiel ist das Rauchen – erfolgen auf der Grundlage einer vernünftigen Güterabwägung, um Nachteile von sich und anderen abzuwenden oder Vorteile für sich und andere zu erwerben. Und sie werden leichter, wenn sich das alternative Lebensmuster habitualisiert, also sozusagen einfleischt.

Speziell in Deutschland stehen die »fat cars«, wie der österreichische Künstler Erwin Wurm seine Skulpturen genannt hat, einem mentalen Wandel im Wege. »Die Deutschen lieben ihre PS: 134 hat jetzt ein Pkw im Durchschnitt. 2009 waren es 117. Citroens Ente hatte 9 PS. VW kommt nun auf 124, BMW auf 192, Porsche auf 340. Am 11. Januar 2010 gab es in Deutschland 1590 Staus auf 6153 Kilometern.« (ZEIT, 04.08.2011) Aber reden wir gar nicht von der Landplage der blockierten Mobilität im Dauerstau großer Ballungsräume, die im Unterschied zu Verspätungen von Bussen und Bahnen fast klaglos hingenommen wird. Schweigen wir auch von den Verkehrstoten und Schwerverletzten, die der Autoverkehr jährlich immer noch verursacht und die allgemein als bedauerlicher Kollateralschaden gelten. Zu reden ist von der hochgradigen Schädlichkeit des benzin- und dieselgetriebenen Automobils, wie wir es kennen, durch Emissionen für die Volksgesundheit und vor allem durch Treibhausgase, die mit größter Evidenz und zu einem sehr hohen Anteil gefährlichen Klimawandel auslösen. Ich will aber auch hier nicht lange von einer bevorstehenden Katastrophe reden, weil ich deren Drohpotenzial für begrenzt halte, sondern von möglichen Vorteilen einer generellen Mobilitätsbeschränkung, die uns nicht – wie es landläufig heißt – Freiheit kosten, sondern Lebensqualität schenken wird. Das Entkommen aus dem Dauerstau im Berufs- und Freizeitverkehr ist davon nur ein schwacher Vorschein.

Wenn man ein vernünftiges Maß angeben und halten könnte, ginge es also um die Rückführung von Übermobilität zu Lande, zu Wasser und in der Luft, oder, da ein solches Maß schwer zu bestimmen sein dürfte, um eine überfällige Selbstreflexion: Wer wählt aus welchem Grund welche Form von Fortbewegung? Dazu liegen gute, aber eher allgemein gehaltene Mobilitätsstudien vor, aus denen mich – angesichts der quasi naturgesetzlich prognostizierten Vermehrung des Güter- und Personenverkehrs in nächster Zukunft (vor allem in den Schwellenländern) – besonders zwei Daten interessieren: In Deutschland werden ein Viertel aller Bewegungen unter einem Kilometer und die Hälfte aller Bewegungen unter fünf Kilometer mit dem Auto zurückgelegt. Da die wenigsten von uns gehbehindert sind und man auf solchen Strecken mit langen Ampelphasen und Parkplatzsuche kaum schneller ist als per pedes, muss diese Fixierung mit Mentalitäten und einer Symbolik zu tun haben, die das Auto offenbar erzeugt und ikonisch am Leben erhält. Bei der monomanen Beschränkung unserer Fortbewegungsmöglichkeiten geht es um nichts anderes als die Befreiung aus einer Konditionierung, die selbst dann angebracht wäre, wenn Autos keinerlei Treibhausgasemissionen verursachten.

Über bald anderthalb Jahrhunderte ist ein großer Teil der Menschheit in eine ganzheitliche automobile Infrastruktur hinein sozialisiert worden, die einem spontan gar nicht mehr auffällt. Übermobilität im Kontext bedeutet, dass sich vor allem durch individuelle Automobilität auch die Art, wie wir den Raum nutzen und uns ernähren, drastisch verändert hat. Der Flächenverbrauch für Verkehrswege und eine darauf eingestellte automobile Infrastruktur der Vorstädte ist immens, ohne Auto gäbe es keinen Drive-in fürs schnelle Essen und keine Shopping Mall fürs Einkaufserlebnis. Die Möglichkeit, Nahrungsmittel über Tausende von Kilometern in Supermärkte auf der grünen Wiese zu verbringen, der Wahn, jedes Konsumgut binnen 24 Stunden an die Tür geliefert zu bekommen, all das hat in der globalen Logistik zahllose Irrationalitäten und Dysfunktionen erzeugt, darunter so überflüssige Dinge wie frische Rosen aus Ostafrika, Winterspargel aus Chile und permanent Tomaten, Gurken und Erdbeeren aus Südspanien. Die Zentralstellung des Automobils ist in allen Lebensbereichen feststellbar, weder in der Lebenswelt noch in der Imagination gibt es viele autofreie Zonen und Sonntage. Die US-amerikanische Stadt- und Architekturkritikerin Jane Jacobs hat schon vor Jahrzehnten beschrieben, wie ihr Landsmann und Städteplaner Robert Moses in New York und andere Adepten der Autogerechtigkeit in allen anderen Weltregionen den Tod der Großstädte herbeigeführt haben. Und das heißt: einer urbanen Lebensform den Garaus gemacht, in welcher der Flaneur, die Öffentlichkeit der Plätze und der enge Winkel eine erhebliche Rolle spielen durften. Deren Abwesenheit wird gar nicht als Verlust empfunden, so haben wir die automobile Infrastruktur verinnerlicht. Auf ihr setzt eine ganze Architektur der Bedürfnisbefriedigung auf, die zum ökonomischen Nutzen des Automobils, nämlich sichere Mobilität zwischen A und X zu vernünftigen Kosten zu ermöglichen, sein soziales und kulturelles Kapital in Gestalt von Reputation und Persönlichkeitsbildung avisiert.

In diesem Rahmen werden nun herrschende Konnotationen des Automobils relativiert und gelöscht, andere setzen sich durch. Lange Zeit galten autokritische Erwägungen als schwer fortschrittsfeindlich und unmodern. Der Wind dreht sich aber gerade. Menschen unter 25 schütteln den Kopf über die vermeintliche Unumgänglichkeit des Automobils und insbesondere seine libidinöse Besetzung; die Präferenzen und Prioritäten haben sich generell deutlich verschoben. Andernorts ist das noch nicht so: Ich erinnere mich an den ekstatischen Stolz eines Kollegen von der Tongji-Universität, als er seinen Tuareg durch die Rushhour von Shanghai navigierte und dabei auf vier Kanälen Bach hörte. Doch selbst die angebliche Sehnsucht von einer Milliarde Chinesen nach deutschen Premium-Modellen und SUVs könnte sich demnächst als Ausrede entpuppen, solche hierzulande weiterhin ungeniert herzustellen und zu nutzen.

»I need to sell my Hummer«, soll der geschockte Arnold Schwarzenegger zu Al Gore gesagt haben, als er von ihm dessen Film »An Inconvenient Truth« vorgeführt bekommen hatte. Indem der Gouverneur sich stattdessen einen Tesla anschaffte, das derzeit schnellste Elektromobil auf dem Markt, beherzigte er den für Autoliebhaber leichtesten Ratschlag von den vier »V«, die im Bereich der Mobilität die Nachhaltigkeitsbilanz aufbessern sollen: Verbesserung der Verkehrsmittel, Veränderung des Verkehrsablaufs, Verlagerung des Individualverkehrs und Verzicht auf Mobilität.

Schwarzeneggers Variante wählte auch die deutsche Bundesregierung, nämlich die Verbesserung der Verkehrsmittel durch Effizienzsteigerung und alternative Kraftstoffe, in diesem Fall den Elektroantrieb, den ein Nationaler Entwicklungsplan promovieren soll. Weiter geht die Veränderung des

Verkehrsablaufs durch Verkehrs- und Stadtentwicklungsplanung, noch weiter die Verlagerung des Individualverkehrs auf den ÖPNV und Fortbewegungsmittel mit Null-Emission wie Zufußgehen und Radfahren (was bei Distanzen bis fünf Kilometern leicht vorstellbar ist), am weitesten schließlich geht die Vermeidung von Mobilität durch Verzicht auf überflüssige Fortbewegung, darunter Telekommunikation und Telearbeit. Mobilitätsstatistiken weisen aus, wie verbreitet oder besser unüblich solche »Vs« in einem multimodalen Mobilitätskonzept sind, aber die Frage, wer warum welche Mobilität wählt, bleibt vor allem in Städten und Gemeinwesen meist unbeantwortet und muss, wenn die klare Ansage der CO_2-Vermeidung und damit eines postfossilen Mobilitätsmusters ernst gemeint ist, von jedem einzelnen Verkehrsteilnehmer durch die Bilanzierung und Verkleinerung seines ökologischen Fußabdrucks beantwortet werden.

Für die Automobilbranche stehen also enorme Veränderungen an. Vernetzte Mobilitätsdienstleistungen werden wichtiger als die Herstellung von fahrbaren Untersätzen. Zwei Denkschulen wetteifern hier um unsere Gunst: Die erste konzentriert sich auf Blue-Motion-Strategien. Zur Effizienzsteigerung der für Fortbewegung aufzuwendenden Energieproduktion bringt sie alternative Antriebe, Leichtfahrzeuge unter 400 Kilogramm und dergleichen auf den Markt. Damit wird Mobilität klima- und umweltverträglicher, ohne dass man sie reduzieren muss – sie könnte vor allem in den Schwellen- und Entwicklungsländern noch steigen. Man könne 2030, schwärmt mir oft ein befreundeter Ingenieur aus dem Sektor der Erneuerbaren Energien vor, weiter auf die Malediven fliegen, erstens weil man emissionsneutrale Treibstoffe einführen wird, zweitens weil ebendiese Inselgruppe nicht untergegangen sein wird, da die Klimaerwärmung bei anderthalb Grad begrenzt und damit auch der Anstieg des Meeresspiegels gestoppt werden könne. An der Priorität der individuellen Automobilität ändert sich damit aber nichts, Restriktionen beim innerstädtischen Verkehr wie Umweltzonen und City-Maut umfahren sauber betriebene Leichtfahrzeuge und Carsharer elegant.

Die zweite Denkschule erwägt Mobilitätsalternativen und -vermeidung, ohne dass sie damit gleich als autofeindlich oder gar lustfeindlich gelten müsste. Sie schließt an den Wertewandel an, der nicht nur im reichen Westen in Sachen Automobilität eingesetzt hat, und sie kalkuliert vor allem ein, dass dieser Wandel im nachholbedürftigen Süden nicht rasch genug einsetzt und im Norden durch Rebound-Effekte aufgezehrt wird. Solche treten ein, wenn etwa der Kauf eines E-Autos dazu verführt, ein weiteres anzuschaffen, schneller und öfter zu fahren und damit die Effizienzgewinne zunichtezumachen. Dazu passt, dass die Autowerbung, die während der Absatzkrise schon grün und blau geworden war und im Kleingedruckten die CO_2-Emissionen pro Kilometer aufführte, uns gerade wieder Spaß auf Rasen und Riesenautos machen will. Intelligente Mobilität beginnt und endet aber nicht bei effizienteren Maschinen und Techniken, sie nutzt solche, um klüger und souveräner mit Lebenszeit und Ressourcen umzugehen und nur so viel davon zu verbrauchen wie unbedingt notwendig.

Wer zu diesem Gedanken kommen will, muss natürlich die

reale und mentale Infrastruktur der Automobilität reflektieren. Wer auf dem Land lebt, was heute weniger das entlegene Bergdorf oder eine Heidelandschaft ist als stadtnahe Einzugsgebiete mit spärlicher Anbindung an Bus- und Bahnlinien, der kommt weder als Arbeitnehmerin noch als Familienvater noch als Einkaufskunde gut ohne Auto aus. Ähnliches gilt für die von der Autobranche dominierte Industriestruktur, in der Autobauer, wie die letzte Krise mit der Erfindung der Abwrackprämie demonstriert hat, mit Fug und Recht »Systemrelevanz« beanspruchen. Das alles wäre nicht so relevant ohne die symbolische Zentralstellung des automobilen Individualverkehrs, ohne die seine Bevorzugung in der Verkehrs-, Steuer- und Energiepolitik undenkbar und ein großer Teil der Werbe-, Medien-, Spielzeug- und Unterhaltungsindustrie arbeitslos wäre. Damit kann die Autobranche jeden erpressen – wer den Eckstein Auto beschädigt, lässt die ganze Auto-Republik einstürzen.

Auch jemandem, der für Nachhaltigkeitsüberlegungen bisher wenig übrig hatte, müsste diese Monokultur allmählich seltsam vorkommen. Gerade wem am Überleben der deutschen Automobilindustrie liegt, der müsste sich Gedanken machen, wie diese von ihrem Trip herunterkommt, großvolumige Flotten für das In- und Ausland herzustellen, und wie sie stattdessen Teil eines intelligenten, nicht mehr auf den Besitz eines Autos fixierten Mobilitätsmanagements wird. Dieses setzt mit dem individuellen Kassensturz der eigenen Mobilitätsmuster ein und führt zu kollektiven Anreizen und Anstößen, die der Markt und das Steuersystem, kommunale Dienstleistungen und alternative Standardoptionen anbieten, die eine gelegentliche Fahrradtour zur Regel im Berufsverkehr und die Fernreise mit dem Billigflieger zum No-go machen.

Da die Verkehrspolitik ein eigener Machtbereich ist, der unglücklicherweise auch noch mit der Baupolitik verknüpft ist, hat sich in den vergangenen Jahren in Deutschland nicht viel bewegt. Die mobilitätspolitisch grundfalschen Signale der Abwrackprämie und der autobezogene Teil des Konjunkturprogramms der Bundesregierung sind schon genannt worden, sehr viel älter sind aber Fehlanreize wie Dienstwagenprivileg, Pendlerpauschale, der Primat der Straße vor der Schiene, das Fehlen eines Tempolimits, die Stagnation im Ausbau des ÖPNV und vieles mehr. Derart eingerahmt, hatte die deutsche Autobranche gar keinen Grund, sich auf kleinere und leichtere, langsamere und weniger leistungsstarke, auch besser an die tatsächlichen Transportbedarfe angepasste und am Ende weniger CO_2-emittierende Produkte umzustellen.

Vor allem das Dienstwagenprivileg und die Entfernungs- bzw. Pendlerpauschale sind massive indirekte Subventionen für die Autoindustrie. Ersteres müsste schon wegen seiner sozialen Schieflage schlicht fallen, wie soll man sonst rechtfertigen, dass ein Unternehmen die Anschaffung und den Betrieb eines teuren Wagens komplett und einschließlich der Tankquittungen des Fahrers für private Fahrten von der Steuer absetzen darf? Oder dass der Vorteil, einen Dienstwagen privat nutzen zu dürfen, mit einer Flatrate von einem Prozent des Listenpreises belegt ist, egal wie weit er damit fährt? Statt dieses schon immer unzeitgemäße Privileg abzuschaffen, plant die Bundesregierung sogar, damit die Produktion teurer Elektroautos anzukurbeln, egal ob man den Tesla mit

Strom aus Braunkohle oder Solarstrom betreibt. Dienstwagen bleibt Dienstwagen – ein schlagendes Beispiel für die absurde Hochrangigkeit der automobilen Infrastruktur, die zu ideologischen Grabenkämpfen neigt: hier der weiße Block, der bei Abschaffung der Dienstwagen mit Revolution droht, dort der schwarze Block, der in Berlin pro Tag ein Exemplar der Luxusklasse abfackelt und Revolution spielt.

Die Pendlerpauschale ist das Privileg auch des kleinen Mannes und deshalb ähnlich aggressiv tabuisiert. Sie müsste man dahingehend weiterentwickeln, dass nur noch emissionsneutrale und klimafreundliche Mobilität belohnt wird. Konkret heißt das: Anstatt mit der Gießkanne – wie bisher – jegliche Art des Pendelns steuerlich zu fördern, wird die Anfahrt zum Arbeitsplatz besonders oder ausschließlich dann steuerlich privilegiert, wenn sie mit dem öffentlichen Nahverkehr oder über andere klimafreundliche Modelle (Carsharing etc.) erfolgt. Dafür ist ein konsequenter Ausbau des öffentlichen Nahverkehrssystems Voraussetzung, sodass Arbeitnehmern klima- und umweltfreundliche Optionen auch tatsächlich zur Verfügung stehen.

Das ist auch der Eckpfeiler eines Mobilitätsmanagements, das einige Kommunen nun als Querschnittsaufgabe implementieren, woran nicht nur Straßenverkehrsämter beteiligt sind, sondern ebenso die Umweltdezernate und die Wirtschaftsförderung, die Schul-, Jugend- und Sozialämter sowie vor allem die Stadtentwicklungsplanung. Die bankrotten Gemeinden ächzen unter der Last ihrer automobilen Infrastruktur, schon die Folgen eines harten Winters übersteigen ihre finanziellen Möglichkeiten und blockieren die Verwirklichung von Konzepten, welche die Erreichbarkeit aller Bürgerinnen und Bürger durch nicht automobile Nahmobilität verbessern könnten, zusätzlich für reinere Luft und mehr Ruhe sorgen und die Etats der kommunalen Verkehrsbetriebe und der Bahn stützen.

Fahrradküchen

Eine andere Mobilität ist möglich, und sie beginnt, jedenfalls in Deutschland und den USA, bei der politischen Ökonomie und Kultur des Automobils. Resümieren möchte ich diesen auto-biografischen Exkurs mit einem optimistischen Ausblick auf die Pioniere des Wandels, die auch der WBGU in seinem Transformationsgutachten herausgestellt hat. Ein Beispiel, das beide genannten Denkschulen von Suffizienz und Effizienz kombiniert, ist das Carsharing-Angebot auf Elektrobasis, für das die Deutsche Bahn zu loben ist, die in Kürze zehn Prozent ihrer Leihwagen elektrisch betreiben will. Sie kommt damit dem Trend entgegen, dass der Besitz von Autos bei jungen Großstädtern rückläufig ist und generell die Bereitschaft wächst, die Pkw-Nutzung aus Klimaschutzgründen einzuschränken. Das wird nach Meinung von Mobilitätsfachleuten die Kurzmiete von Autos, in Deutschland bisher ein Nischenmarkt, ankurbeln, wozu freilich politische Unterstützung (wie in Frankreich) notwendig ist. Aktuell bieten knapp 300 deutsche Städte die Möglichkeit des Carsharing an. Daimler erprobt unter dem Namen Car2Go ein entsprechendes Modell in Ulm und Hamburg: In beiden Städten stehen an zahlreichen Orten Smarts für registrierte Nutzer zur Verfügung, von den 170 000 Einwohnern Ulms sind bereits knapp 20 000 registriert. (Financial Times Deutschland, 17.08.2010) In Großstädten, wo Abstellplätze besonders teuer sind und bereits fast die Hälfte der Haushalte ohne eigenes Auto auskommt, plant BMW (»Drive Now«) ähnliche Initiativen. Die Kurzmiete von Pkws lässt sich mit Bikesharing verbinden, das sowohl die Deutsche Bahn als auch einzelne Vorreiter-Gemeinden anbieten.

Für die Beförderung großer Menschenmassen zum Arbeitsplatz und zu Freizeitangeboten muss aber der ÖPNV attraktiver werden – mit erhöhter Fahrtenfrequenz, mit reduzierten Tarifen und einer ebenso sicheren wie sauberen und ansehnlichen Infrastruktur. Klappt nie im Leben? Das Gegenteil belegen die Bemühungen der belgischen Stadt Hasselt, die auf Initiative ihres Bürgermeisters Steve Stevaert bereits 1996 einen gebührenfreien öffentlichen Nahverkehr eingeführt hat. Das lokale Bussystem wurde ausgebaut, Einkaufsstraßen für den Verkehr gesperrt, Parkplätze abgeschafft sowie Parkgebühren eingeführt bzw. erhöht. Dadurch hat sich die Zahl der ÖPNV-Nutzer in Hasselt mehr als verzehnfacht; und berichtet wird über positive Effekte auf das weitere Stadtleben, wie eine Belebung der lokalen Wirtschaft. Das Projekt in Hasselt fand Nachahmer bei einer heute immer noch kleinen, aber weltweit wachsenden Anzahl von Städten, die öffentlichen Nahverkehr zum Nulltarif anbieten.

Nach Berechnungen des Umweltbundesamtes ließen sich im Jahr 2020 5,8 Millionen Tonnen CO_2 einsparen, wenn es gelänge, dass bis dahin die Hälfte der Strecken unter fünf Kilometern mit dem Fahrrad oder zu Fuß zurückgelegt würden. Wie kann man das jenseits der eingeschworenen Radfahrer-Community populär machen? Städte, Universitäten und zivilgesellschaftliche Gruppierungen haben damit begonnen, kostenfreie Fahrradwartungsdienste anzubieten bzw. zu fördern, um so zur Fahrradnutzung zu animieren und die Verkehrssicherheit für Fahrradfahrer zu erhöhen. So führt der Allgemeine Deutsche Fahrrad-Club (ADFC) seit einigen Jahren an verschiedenen Standorten in Berlin einen sogenannten Herbstcheck durch. In Städten wie San Francisco (www.bikekitchen.org) und Wien (www.bikekitchen.net) können Radfahrer in einer Fahrradküche ihre Räder unentgeltlich reparieren. Dabei handelt es sich um Selbsthilfe-Werkstätten, die Werkzeug und Materialien zur Verfügung stellen und bei den Reparaturen Hilfestellungen leisten. Die Bikekitchen in Wien zeichnet zudem aus, dass sie mit ihrem Angebot insbesondere Migrantinnen und Migranten sowie sozial benachteiligte Gruppen anspricht und ihre Serviceleistung auch mit einem politischen Engagement (wie der Förderung der Fahrradkultur) verbindet.

Fazit: Es ist kein Zufall, dass ausgerechnet in Stuttgart, der Hochburg der »fat cars«, ein grüner Ministerpräsident regiert – und den Dialog mit der Automobilbranche sucht. Sie kann ihn verweigern – Detroit lässt dann grüßen. Oder sie kann sich in den Dienst einer intelligenteren Mobilität stellen. Analog gilt dies für die Logistikbranche, die Nahrungsmittelkonzerne, den Groß- und Einzelhandel und die Immobilienwirtschaft. Überall in den mittelständischen Unternehmen und großen

Konzernen haben wir, in den Vorständen wie im aufstrebenden mittleren Management, noch eine große Zahl von Betonköpfen angetroffen, die sich dem Wandel verweigern. Aber eben auch eine kritische Masse von Pionieren des Wandels, die zur Kurskorrektur bereit sind. Hier steht ein regelrechter Machtkampf mit den Vetospielern an.

6. Anfangen

Im Möglichkeitsraum

Robert Musil hat in seinem Roman »Der Mann ohne Eigenschaften« den Möglichkeitssinn erkundet, das heißt, »alles, was ebenso gut sein könnte, zu denken und das, was ist, nicht wichtiger zu nehmen als das, was nicht ist«. Seinerzeit bedeutete das Krieg, Technik oder Mathematik, deren Anwendungsgebiet unter anderem die Wahrscheinlichkeit ist, mit der bestimmte Dinge – Lottogewinne, schwarze Schwäne und AKW-Havarien – nicht eintreten. Die vielen Nullen, die gegen dieses Eintreten sprechen, haben nie ausgeschlossen, dass es dennoch der Fall wurde.

Was niemandem zum Spieler machen muss, aber Bedenken gegen die probabilistische, also auf Wahrscheinlichkeit gestützte Expertise von Ökonomen und Technikern plausibel macht. Plausibilität beziehen Prognosen nicht nur aus der Wahrscheinlichkeitsrechnung, sondern – wie schon der Störfall im Kernkraftwerk Three Miles Island bei Harrisburg, USA hätte lehren können – auch aus der Möglichkeit, dass unwahrscheinliche Katastrophen eintreten *können*. Gesellschaft und Gesellschaftswissenschaften kaprizieren sich auf *häufige* Phänomene und überlassen rare Erscheinungen wie Katastrophen und andere Extremereignisse Technischen Hilfswerken, Krisenmanagern und Priestern. Wie Japan gerade schmerzhaft erlebt, lehren vor allem extreme Ausnahmen etwas über die zerbrechliche Normalität von Lebenswelten.

Musils Möglichkeitsraum hat zwei Eingänge. Ausstiegs- und Umstiegsszenarien aus den Pfadabhängigkeiten des alten Industrialismus erschienen unrealistisch, bis Hurrikan Katrina und Fukushima demonstrierten, wie jenseits der Katastrophe auch bessere Welten möglich werden. Der vermeintliche Realismus der AKW-Lobby ist ein für alle Mal, demnächst selbst in Frankreich und der Türkei, Lügen gestraft; realistisch sind Pfade alternativer Technologien und Infrastrukturen, die bisher als zu teuer oder utopisch galten. Das befreit das Politische aus dem von Maggie Thatcher bis Angela Merkel behaupteten Dogma der Alternativlosigkeit.

Woher kommt das Neue? Henri Poincaré hat einmal beschrieben, wie er ein mathematisches Problem, an dem er wochenlang an seinem Schreibtisch herumgeknobelt hatte, außer Dienst ganz rasch lösen konnte. Die Heureka-Momente kamen, als er nach einem starken Kaffee nicht einschlafen konnte, sie verstärkten sich, als er in den Bus zu einer geologischen Expedition in der Normandie einstieg. Zum Ergebnis (hier: der Falsifizierung der Fuchs-Funktionen) kam Poincaré übrigens, als er eine lästige Militärübung vor den Toren von Paris absolvierte.

Ob Neues eher aus der Konzentration oder aus der Abschweifung kommt, ist eine alte Frage. Lange wurde sie so beantwortet: Genies warten mit grundstürzenden Ideen auf, die sich, oft nach einer Phase schmerzlichen Verkanntwerdens, durchsetzen. Transnationale Unternehmen wollen nicht so lange warten und Innovation in ihren Forschungs- und Entwicklungsabteilungen systematisch hervorkitzeln, wo man nur so lange »wild« denken darf, wie rasche Erträge in Form von Patenten und der Markteinführung neuer Konsumgüter winken. Genies für Märkte – die Kombination funktioniert umso weniger, je mehr man dafür Menschen in einen Raum sperrt und sie in ein Organigramm zwingt. Gute Ideen resultieren eher aus weit gespannten Netzwerken und überraschender Kollaboration. Erfinder und Entdecker brauchen eine förderliche sozial-räumliche Umgebung, und Unternehmen greifen besser auf die Weisheit der Vielen und die Geschenkbörse des Internets zurück. Druckerpresse, Dampfkochtopf und Air-Conditioning mögen durch am Gewinn orientierte Einzelne entwickelt worden sein, das Gros der Neuerungen entstammt Netzwerken, die a priori gar nicht auf den Markterfolg geschielt hatten.

Die Vorzüge von Open Source, generell von nicht kommerziellen Netzwerkumgebungen, hat der Wissenschaftsjournalist Steven Johnson bereits in einigen Bestsellern (wie »Interface Culture«) und wissenschaftshistorischen Studien (»Ghost Map«, »The Invention of Air«) beschrieben. Seine »Naturgeschichte der Innovation« identifiziert nun sieben Voraussetzungen, unter denen Neues in die Welt kommt: a) Innovation beginnt mit dem Betreten eines benachbarten Möglichkeitsraums (»the adjacent possible«), das Kombinationen erster Ordnung erlaubt und überraschende Verbindungen schafft.

Neuerung vollzieht sich b) in schwarmartigen Netzwerken, die so flüssig bleiben müssen, dass »the wisdom of (someone in) the crowd« angeregt wird. Eine wesentliche Rolle spielen c) Ahnungen *(slow hunch)*, darunter Tag- und Nachtträume, die eher gemächlich zur Anwendung drängen, damit Ideen und Konzepte reifen, sich also komplettieren und kultivieren können. Eine aus der Chaostheorie übernommene Voraussetzung ist d) Serendipität, die unbeabsichtigte Entdeckung von etwas, das man gar nicht gesucht hat. Ebenso wichtig ist e) eine für Experten kontraintuitive Irrtumsoffenheit, also die Bereitschaft, aus Ergebnissen richtige Schlüsse zu ziehen, die im Sinne der ursprünglichen Versuchsanordnung »falsch« sind. Aus der Evolution bekannt ist f) der Vorgang der Exaptation, die Chance der Auswanderung von Ideen in fremde Gebiete. Wichtig sind schließlich g) geschichtete Plattformen, die als Datenbank, Zettelkasten und Archiv von Modulen dienen, welche andernorts anschlussfähig sein können.

Das natürliche Vorbild dieser Inkubation ist für Johnson das Riff, in welchem Korallen, Fische und Algen symbiotische Beziehungen eingehen; das soziale Pendant ist moderne Urbanität und deren virtuelle Reproduktion im Internet, wo kollaborative Formate – ungeachtet der zunehmenden Privatisierung und Staatskontrolle – vorhanden bleiben. Nachdem man die ökonomische Seite der Innovation durch Wettbewerb lange überbetont hat, gerät heute wieder ihre kulturelle Dimension in Erinnerung. Wer für den anstehenden Innovationsschub die Grundlage schaffen will, sollte nicht Feuerwälle um gute Ideen anlegen und ihre Verbreitung durch Copyright, Betriebsgeheimnis, Patent, Zolltarif und bürokratische Blockade stören. Wie in Korallenriffs, Kaffeehäusern und den besseren Vierteln des Internets üblich, reifen Ideen (und werden profitabel), wenn und weil man sie mit anderen geteilt hat und dafür mannigfache Antwort erhalten hat.

Pioniere des Wandels

In der Geschichte hat es immer wieder Situationen gegeben, in denen sich Einzelne oder kleine Gruppen gegen den »grässlichen Fatalismus der Geschichte« (Georg Büchner) aufgelehnt und als Pioniere des Wandels scheinbar Unmögliches bewirkt haben. Innovation wird oftmals weniger durch kognitive Wissensbestände ausgelöst als durch lebensweltlich und spontan angestoßene Veränderungsbedürfnisse, die explorativ und experimentell umgesetzt und vermittelt werden. Ein gutes Beispiel dafür ist die Frauenbewegung nach 1945, die im Unterschied zu ihren Vorläufern im 19. und frühen 20. Jahrhundert ihre Vorhaben in kleinen, überschaubaren Gruppen in sozialen Nischen unkonventioneller Rede- und Verhaltensweisen »erprobt«, vorgeführt und erst dann in breiterem Umfang politisch organisiert hat. Das Ergebnis war bekanntlich eine Veränderung auf breiter Front, die von der gesetzlichen Gleichstellung über den geschlechtsneutralen Gebrauch der Sprache bis hin zur selbstverständlichen Präsenz von Frauen in klassischen Männerdomänen wie dem Militär, großen Unternehmen und politischen Spitzenpositionen reicht.

Viele historische Beispiele belegen, dass sozialer Wandel nicht nur von neuen Technologien und Leitsektoren der Wirtschaft, sondern vor allem von aufstrebenden sozialen Klassen geprägt ist, die Institutionen und Mentalitäten veränderten. Kora Kristof beschreibt die Eigenschaften dieser Pioniere: Sie »haben eine überzeugende Veränderungsidee und eine erste Idee für deren Umsetzung. Sie vernetzen sich und gewinnen wichtige Mitstreiter. So schaffen sie es, die kritische Masse für die Veränderung zu gewinnen. Danach entwickeln sie die Idee in Schritten gemeinsam weiter. Die Veränderung von Routinen, der Rahmenbedingungen, die Bildung neuer Institutionen, ein Paradigmenwechsel schließen den Prozess ab.« (Kristof 2010: 38)

In weiten Teilen der Politik, der Unternehmen und Universitäten geben Vetospieler den Ton an – das geht nicht, das haben wir noch nie gemacht, wo kämen wir denn da hin … Gefühlsmäßig liegt über allem ein Mehltau der Vergeblichkeit, die gesamte Organisationskultur erscheint blockiert und sklerotisch. In Innovationskulturen wirken nach Kristof hingegen vier Typen von Promotoren zusammen: Fachpromotoren bringen ihr objektspezifisches Fachwissen ein und identifizieren Alternativen, Prozesspromotoren verbinden Fachwissen mit Führungskompetenz und zeichnen Innovationsabläufe vor, Machtpromotoren greifen in Hierarchien ein und setzen Ressourcen Erfolg versprechend ein, Beziehungspromotoren verbinden aufgeschlossene Individuen zu Netzwerken.

Angelehnt an die Diffusionsforschung, in der ein Innovations- und ein Produktionszyklus unterschieden werden, unterscheidet auch der WBGU verschiedene Funktionen und

Typen von Pionieren des Wandels. »Im Innovationszyklus handeln Pioniere des Wandels, indem sie offene Fragen und Herausforderungen benennen und auf die Tagesordnung setzen, indem sie als Katalysatoren Problemlösungen erleichtern, indem sie als Mediatoren zwischen Konfliktgruppen vermitteln oder in Gruppen blockierte Entscheidungsprozesse freisetzen, indem sie disparaten Innovationsbedarf zusammenfassen, indem sie zur Problemlösung notwendige institutionelle Innovation ›von unten‹ oder als Entscheidungseliten ›von oben‹ auf den Weg bringen. Im Produktionszyklus betätigen sich Pioniere des Wandels als Erfinder, Investoren, Unternehmer, Entwickler oder Verteiler neuer Konzepte, Produkte und Dienstleistungen, aber auch als ›aufgeklärte Konsumenten‹, indem sie neue Produkte nachfragen und zirkulieren lassen. Pioniere des Wandels können selbstverständlich auch verschiedene dieser Funktionen gleichzeitig ausfüllen.« (WBGU 2011: 258)

Der Bezug zum erwähnten Könnensbewusstsein eines Gemeinwesens wird deutlich: »Was den Menschen zu einem politischen Wesen macht, ist seine Fähigkeit zu handeln; sie befähigt ihn, sich mit seinesgleichen zusammenzutun, gemeinsame Sache mit ihnen zu machen, sich Ziele zu setzen und Unternehmungen zuzuwenden, die ihm nie in den Sinn hätten kommen können, wäre ihm nicht diese Gabe zuteil geworden: etwas Neues zu beginnen«, so Hannah Arendt. (Arendt 1970: 81)

Als historisches Beispiel für einen Pionier des Wandels hat der WBGU vier Elemente an einem Renaissancemenschen herausgearbeitet: »Eine gewisse soziale Außenseiterstellung, die Verbindung mehrerer Wissensbereiche, die Integration in ein förderliches Netzwerk und günstige Gelegenheitsstrukturen der jeweiligen Zeit. Exemplarisch kann man dies am historischen Beispiel des Leonardo da Vinci (1452–1519) verdeutlichen, der als Maler und Bildhauer, Erfinder, Architekt und Ingenieur, Naturphilosoph und Schriftsteller immense Wirkung im Europa der Renaissance entfalten konnte. Als Erklärung kann man weder Leonardo da Vincis Genie anführen noch behaupten, er sei als Renaissancemensch ein ›Kind seiner Zeit‹ gewesen. In ihm verbinden sich die vier für Pioniere des Wandels typischen Elemente: Die aus sozialer Marginalität gewachsene Persönlichkeit, der auf Wandel und Innovation angelegte Zeitgeist, eine interdisziplinäre Wissensorganisation und günstige politische Gelegenheitsstrukturen. Als uneheliches Kind und Homosexueller musste Leonardo um Anerkennung ringen und war zum kirchenfernen Häretiker prädestiniert. In den Stadtrepubliken von Mailand und Florenz, später durch den Vatikan und den französischen Hof, wurde Leonardo da Vinci gefördert, ohne seine intellektuelle Autonomie aufzugeben. Die zweite Hälfte des 15. Jahrhunderts, als der Buchdruck die Rezeption und Verbreitung der Entdeckungen der Wissenschaft und Weltreisenden beschleunigte und die Autorität der Kirche schwand, schuf eine Bereitschaft zum aktiv gesteuerten Wandel. Und diese Gelegenheitsstrukturen (Leonardo da Vinci betonte häufig die Rolle des fruchtbaren, transitorischen Augenblicks) wurden gespiegelt und prozessiert in der zugleich generalistischen und assoziativen Denkweise Leonardos, der als ›apparatore‹ zugleich eine gute Performanz in der höfischen Gesellschaft seiner Zeit hatte. Die Malerei begriff Leonardo da Vinci als ›Spiegel des Universums‹, ihn interessierten die Gesetzmäßigkeiten der göttlichen Natur, die er in assoziativen Verknüpfungen und diversen literarischen Formen zu erfassen suchte. Künstlerische, wissenschaftliche und technische Arbeiten fügten sich zu einem Universalprogramm und setzten zahlreiche Erfindungen frei.« (WBGU 2011: 259)

Innovation kam bereits in den italienischen Stadtrepubliken weniger durch individuelle Genies und eine rasche Orientierung auf (Markt-)Anwendung zustande als durch die assoziative und experimentelle Verknüpfung »guter Ideen« im dichten und zugleich flexiblen Resonanzraum der seinerzeit am stärksten urbanisierten Region der damaligen Welt, die einen dramatischen Anstieg der Innovationsrate ermöglichten. Tief greifender sozialer und kultureller Wandel ging dabei häufig mit Generationswechseln einher, mit dem Aufrücken jüngerer Alterskohorten an die gesellschaftlichen Schalthebel. Jüngere zeigen eine größere Offenheit gegenüber Innovationen und zählen überdurchschnittlich häufig zu den frühen Übernehmern *(early adopters)* neuer Technologien. Zugleich kann man der historischen Forschung entnehmen, dass kognitive und emotionale Diskrepanzen zwischen Alterskohorten, die sich zum Teil als Generationenkonflikte ausdrücken, soziale Bewegungen motivieren und mobilisieren können.

Wer Pioniere des Wandels identifizieren möchte, kann sich nicht auf technische Experten, politisch-administrative Entscheidungseliten, Manager, Unternehmer usw. beschränken, sondern muss auch andere Schlüsselgruppen wie Konsumenten, kleinere kommunale Initiativen und informelle Netzwerke in den Blick nehmen. »Pioniere des Wandels können demnach Individuen sein, die auf der Mikro-Ebene als Leitfiguren und Rollenmodelle Reputation und Vertrauen gewinnen und auf der Meso-Ebene als überschaubare Gruppen (Lern- und Arbeitsgemeinschaften, Vereinsmitglieder, Interessengruppen, Berufsverbände, ehrenamtliche Teams) zusammenwirken. Schließlich kommen Großorganisationen wie Unternehmen, politisch-administrative Einheiten von der lokalen bis zur supra- und transnationalen Ebene sowie weitere Zusammenschlüsse (u. a. von bestimmten Berufsgruppen oder Mäzenen) in Betracht. Entscheidendes Kriterium ist neben ihrer innovativen Kapazität und der Gemeinwohlorientierung die Fähigkeit, ›Neues‹ zu kommunizieren und in den jeweiligen Kommunikationsräumen Identität und das Bewusstsein von Wirkungsmächtigkeit zu schaffen. Diese Kommunikationsräume erstrecken sich von der direkten interpersonalen Kommunikation bis zu grenzüberschreitenden Plattformen virtueller Kommunikation in sozialen und wissenschaftlichen Netzwerken.« (WBGU 2011: 260)

Wie aber kann sich aus insularen Einzelakteuren eine »kritische Masse« bilden, die sektorenübergreifend und mit dem notwendigen Nachdruck Hebel der Transformation ansetzen und entscheidende Weichen stellen kann? Und wie sollen Einzelakteure ein Gemeinsamkeitsgefühl kollektiver Selbstwirksamkeit erreichen und zu einer breiten sozialen Bewegung zusammenfließen?

Unübliche Verdächtige und kritische Massen

Die Erfolgsaussichten einer »Transformation von unten« steigen, wenn es auf breiter Front durch Pioniere des Wandels gelingt, in ihren jeweiligen Promotorenrollen alternative Lebenspraxen im Alltagsleben plausibel, ja selbstevident zu machen und sie als eine Art Standardoption zu verankern. In der Zusammenschau von Umfragen und Studien zum Wertewandel, zum politischen Bewusstsein, zum bürgerschaftlichen Engagement und zur Attraktivität gemeinnütziger Organisationen (Vereine, auch Parteien) unterscheidet der WBGU drei (unterschiedlich große) Segmente in der Bevölkerung reicher Industrieländer (wie Deutschland), die als Pioniere, Advokaten und Partner einer Transformationsstrategie infrage kommen: »Ein breites Potenzial von Menschen, die laut repräsentativen Umfragen grundsätzlich zu klimaverträglichen Veränderungen des eigenen Lebensstils bereit sind, dazu aber (noch) keine oder wenig praktische Schritte eingeleitet haben (Latenz); ein schmales Segment überzeugter und aktiver Bürger, die dieses Ziel in ihrer täglichen Praxis mehr oder weniger konsequent und systematisch umsetzen (Aktivismus); ein mittleres Segment von Menschen, die sich mehr oder weniger aktiv bürgerschaftlich und ehrenamtlich in anderen Lebensbereichen betätigen (Sport und Freizeit, humanitäre und technische Hilfswerke, Kultur und Kunst, Erziehung und Altenpflege, betriebliche Aktivitäten und Freiwilligendienste usw.), ebenso in informellen Bereichen der Selbst- und Nachbarschaftshilfe und dort – zumeist in kritischen biografischen Passagen (Familiengründung, Einschulung und Eigenständigkeit der Kinder, Übergänge von Eltern in Ruhestand, Pflege usw.) – Zielsetzungen ›guten Lebens‹ in Verantwortung für andere erörtern (bzw. deren Mangel verspüren).« (WBGU 2011: 277)

Zur Verbindung eines breiten, durch Stiftungen und Ehrenamt geförderten bürgergesellschaftlichen Engagements mit der Dimension »Klimaverträglichkeit und Nachhaltigkeit« gehört es dann,

»a) die latente Bereitschaft zum Handeln durch pragmatische (möglichst nicht moralisierende) Vorgaben zu aktualisieren,

b) das Vorgehen der Aktivisten in Form von Handlungsmustern und Standardoptionen breiter zu kommunizieren und dabei

c) Nachhaltigkeitsziele für das breitere bürgerschaftliche Engagement plausibel zu machen.« (WBGU 2011: 278)

Die üblichen Kernarenen bürgerschaftlichen Engagements (wie soziale Sicherung, Bildung, Natur- und Verbraucherschutz, Kulturleben, Sport, religiöses Leben usw.) sollten also Aspekte der Nachhaltigkeit aufnehmen, womit ihnen nicht »weitere (zeitraubende) Ziele« vorgegeben, sondern zentrale Anliegen der Daseinsvorsorge (und der subjektiven Lebenszufriedenheit) in den Mittelpunkt gestellt werden. Anschlussfähig und in diesem Sinne »habituell« wird Nachhaltigkeitsengagement damit auch in Kommunikationsgemeinschaften, die auf den ersten Blick thematisch wenig Bezüge zur Klima- und Nachhaltigkeitspolitik aufweisen mögen. Dazu zählen, wie bereits angedeutet, Sportvereine und ehrenamtliche

Gruppen, Schulklassen und Lehrerkollegien, Selbstständige und Ruheständler und Web-Gemeinschaften der Social Media, Arbeitsteams und Berufsvereinigungen. Die exemplarisch skizzierten Betätigungsfelder nachhaltiger Politik können Themen auch dieser Netzwerke werden, in der Regel wohl über trivial wirkende Anlässe. Im WBGU-Gutachten werden folgende Beispiele genannt:

»Die Renovierung eines Schulgebäudes aus einem Konjunkturprogramm und die damit zu verbindende energetische Sanierung kann mehr als eine (lästige) Baumaßnahme sein, wenn Lehrerkollegien, Schulklassen und Elternpflegschaften sie zum Anlass weiterführender pädagogischer Überlegungen machen.

Kindertagesstätten und Schulen im Ganztagsmodus führen Speisepläne ein, die nicht nur preiswert und bekömmlich sind, sondern systematisch Aspekte gesunder Ernährung, fairen Handels und klimaverträglichen Konsums integrieren und dies ›nebenbei‹ zu einem Gegenstand von Schulkommunikation und Unterricht machen.

Dezentrale Arbeitsgemeinschaften, die sich regelmäßig zu Besprechungen treffen und dazu große Entfernungen mit der Bahn oder mit dem Pkw zurücklegen müssen, stellen ihren Austausch auf geeignete Telekommunikationsmittel um; diese Anstöße können wiederum Anlass für die generelle Umstellung der Politik und Logistik von Unternehmen, Behörden, Forschungs- und Kultureinrichtungen werden.« (WBGU 2011: 279)

Der Politikwissenschaftler Adalbert Evers hat darauf hingewiesen, dass die Rede vom bürgerschaftlichen Engagement leicht zur Phrase wird, wenn sie nicht die Verknüpfung von ökologischem Engagement mit üblicherweise arbeitsbezogenen Formen der Mitwirkung sieht, etwa im Rahmen freiwilliger Tätigkeit von Unternehmen und Behörden neben der regulären Erwerbsarbeit oder indem Arbeitslose stärker in Form von Bürgerarbeit in ökologische Aktivitäten einbezogen werden. Die Mobilisierung freiwilligen und ehrenamtlichen, aber auch bezahlten Engagements für Nachhaltigkeit muss sich mit den neuen Gegebenheiten einer differenzierten Arbeitsgesellschaft arrangieren, namentlich mit einer in vieler Hinsicht (Arbeitszeiten, Zeitverträge, Projekte, Berufswechsel) entstandardisierten Arbeitswelt; mit den ebenfalls in Umwälzung befindlichen Formen eines Freiwilligen Sozialen Jahres und generell mit dem Einbau »passender« Phasen individuellen Engagements in Erwerbsbiografien und Lebensgeschichten. (Evers 2011)

Wie die damit nur ansatzweise skizzierte Selbstorganisation der Pioniere des Wandels auf der politisch-parlamentarischen Ebene gebündelt und gestärkt werden kann, möchte ich im folgenden Abschnitt darlegen.

7. Vertrauen

Bürger, tretet den Parteien bei!

Ein Bild des Jammers bot der namenlose katalanische Politiker, den ein Reuters-Fotograf bei dem gescheiterten Versuch ablichtete, seinen Arbeitsplatz, das Parlamentsgebäude in Barcelona, zu betreten. Ängstlich schaut er, seine Krawatte ist verrutscht. Er nestelt offenbar an seinem Handy herum, dieser ansonsten so verlässlichen Verbindung zur Innenwelt der Politik, Hilfe suchend wohl, denn ihn umringt die Außenwelt der »Empörten« – kostümierte und tätowierte Demonstranten wie aus einem Almodóvar-Film, die den verjagten Hinterbänkler mit bedrohlichen Gesten umringen und ihm mit schrillen Trillerpfeifentönen dicht am Ohr die Meinung sagen. (FAZ, 16.06.2011)

An diesem Junitag drohte der bis dahin weitgehend friedliche Straßenprotest in Gewalt umzuschlagen, die Menge wollte die Volksvertreter hindern, im Regionalparlament einem Gesetzentwurf mit radikalen Sparmaßnahmen zuzustimmen. Ähnliche Blockaden ereigneten sich in Madrid, wo auch Abgeordnete der extremen Linken davon betroffen waren. Ihr

Fraktionschef, der sich mit einem Teil der Forderungen soli-
darisieren wollte, wurde barsch zurückgewiesen: Verschwin-
de, du repräsentierst uns nicht! Der Protest, aus Nordafrika
nach Spanien übergebordet, zeichnet sich dadurch aus, dass
die Straße nicht gegen eine Regierung oder »die neoliberale
Rechte« mobil macht, sondern ausdrücklich erklärt, keiner
Partei mehr zu trauen und sich von niemandem repräsentieren lassen zu wollen. Folglich demonstrieren *los Indigna-
dos* an der Puerta del Sol in Madrid und in rund 80 weiteren
Städten gegen alles: gegen beide spanischen Volksparteien,
die Gewerkschaften, von denen sich (40 Prozent arbeitslose)
Jugendliche nicht vertreten fühlen, gegen die spanische Bil-
dungskluft, gegen die Korruption und das von den Banken
verordnete Sparprogramm, gegen die antikapitalistische Linke. Aber für:»Echte Demokratie jetzt!«

Wer vertritt uns, wem vertrauen wir? An der Spitze ein-
schlägiger Umfragen zur sozialen Reputation (GfK 2011) stehen meist Feuerwehrleute, Krankenschwestern und Ärzte,
Postangestellte und Polizisten. Der Grund liegt auf der Hand:
Auch wenn die Feuerwehr bei vielen Bränden zu spät kommt,
Ärzte kapitale Kunstfehler begehen, Krankenschwestern bisweilen Todesengel spielen, Briefe verschwinden und Polizisten sich als *bad lieutenants* entpuppen können, vertrauen wir
ihnen, weil wir ihnen in Not- und Katastrophensituationen
vertrauen müssen. Könnten wir es nicht (wie es ja in vielen
gescheiterten Staaten, korrupten öffentlichen Diensten und
maroden Gesundheitssystemen der Fall ist), könnten wir die
Komplexität unserer sozialen Welt nicht reduzieren – wir ver-
lören das Urvertrauen, dass die Welt schon irgendwie sinnvoll

aufgebaut ist und funktioniert, und damit unsere Existenzgrundlage.

Der Beweis für dieses Basisvertrauen ist die Reaktion auf zuletzt massiv enttäuschtes Vertrauen: In Fukushima ist ein »absolut sicheres« Atomkraftwerk explodiert, vor ein paar Jahren machten Lehman Brothers dicht, dann wurde der Freiherr von und zu Guttenberg, damals der beliebteste und vertrauenswürdigste Politiker, des systematischen Plagiats und der dreisten Lüge überführt, und Wikileaks enthüllte Abgründe an Indiskretionen und illegalen Handlungen im internationalen Staatenverkehr. Das war in allen Fällen starker Tobak, aber auch wenn einzelne Übeltäter oder Bauernopfer zur Rechenschaft gezogen wurden, blieben die betroffenen Organisationen und Institutionen unangetastet: Energiekonzerne produzieren und Konsumenten nutzen Atomstrom, Banken bieten wieder Derivate und Schrottpapiere an, die schwarzgelbe Regierung amtiert weiter, die Diplomatie arbeitet in der gewohnten Doppelzüngigkeit – und für alle gab es moralische Persilscheine.

Geblieben sind allerdings auch die an diesen exemplarischen Fällen gewachsenen Vorbehalte im Volk, die sich interessanterweise auf einen Sündenbock kaprizieren: die Politik. Wo heute Weißkittel und Uniformierte, in gewissem Abstand Roben- und Talarträger rangieren, sonnten sich vor wenigen Jahrzehnten auch noch die Volksvertreter, Manager und Journalisten im Glanz öffentlicher Anerkennung. Politik, Wirtschaft und Medien sind die Hauptabsteiger im Ranking von Reputation, Vertrauens- und Glaubwürdigkeit – und sie zeigen sich darüber ehrlich enttäuscht, empört und enerviert. So tief wie in Deutschland ist im europäischen Vergleich das Vertrauen in die Berufspolitik fast nirgends gesunken, auch deutsche Manager und Mediengewaltige sind aus ehemals angesehenen Positionen nach hinten abgestürzt. Alle fühlen sich ungerecht behandelt: Das Volk könne offenbar die enorme Leistungsfähigkeit der Politik nicht erkennen und ignoriere, wie exzellent die deutsche Volkswirtschaft dank der Entscheidungen der letzten Koalitionsregierungen und der Klugheit der Unternehmer im Vergleich zu den USA oder anderen EU-Ländern dastehe. Von vereinzeltem Fehlverhalten werde zu rasch auf die Qualität des Spitzenpersonals zurückgeschlossen, ein paar faule Äpfel machten keine schlechte Ernte.

Vor wenigen Jahrzehnten habe ich dem leichter zustimmen können als heute. Als seinerzeit Richard von Weizsäcker zu einer pauschalen Parteienschelte anhob, hielt ich es für geboten, die Parteipolitik gegen das wuchernde Ressentiment von Lieschen Müller zu verteidigen (ZEIT, 16.10.1992); der Bundespräsident hätte die antipolitische Note deutscher Parteienverachtung sehen müssen. Für den Unmut seines Nachfolgers Horst Köhler hatte ich schon mehr Verständnis, weil es sich beim Versagen politischer Eliten in Europa und weltweit eben nicht um bedauerliche Einzelfälle von Korruption, Amtsmissbrauch und Arroganz der Macht handelt. Die politische Entfremdung, so dubios mir ihre geballten Aversionen erscheinen und sosehr ich die Volksvertreter gegen Volkstribune vom Schlage Sarrazins verteidige, enthält leider einen großen Brocken Wahrheit.

Auch wenn die Politikverdrossenheit in vieler Hinsicht ein demoskopisches Konstrukt ist, das über seinen prominenten

Platz in der Medienberichterstattung und -unterhaltung zur sich selbst erfüllenden Prophezeiung wurde, ist der Entzug politischer Unterstützung eine Tatsache. Dabei schwinden Loyalität, Anerkennung, Gehorsam sowie Zustimmung der Bürger für das Gemeinwesen und die politische Institutionenordnung insgesamt sowie speziell für das Personal der Regierung, des Parlaments, der Parteien, gegebenenfalls sind auch Verwaltungen und rechtsstaatliche Institutionen betroffen. Ein politisches System gilt als umso instabiler, je mehr ihm und seinen Repräsentanten die Unterstützung entzogen wird. Und sie schwindet erfahrungsgemäß rascher, als sie sich wiederherstellen lässt.

Vertrauen ist gut ...

Vertrauen ist, wie es Niklas Luhmann ausgedrückt hat, ein Prinzip mit eingebauter Zulassung des Gegenteils, nämlich des Misstrauens. Beiden obliegt die gleiche Funktion, die Reduktion von Komplexität. Vertrauen ist ein besonderer Gefühlskomplex: Es gehört zunächst zu den basalen Gefühlen und ist eine diffuse affektive Leistung, die auf partikulare Einheiten und Eigenschaften gerichtet ist. In dieser Fixierung erlaubt uns das Vertrauensgefühl »Selbstdarstellungssicherheit«, weil es per se auf Fortsetzung und Kontinuität aus ist – »Liebe und Hass machen blind«. Das Urvertrauen des Kindes ist die Voraussetzung für sein späteres Vertrauen schlechthin, nur so können Erwachsene die sich wiederholende Erfahrung enttäuschten Vertrauens verarbeiten (und manche eben auch nicht, die dann krank werden.) An dieser Schnittstelle kommen spezifische, auf handelnde und (mit-)fühlende Personen und/oder respektable Organisationen gerichtete Vertrauenserwartungen mit Vertrauensleistungen anonymer und abstrakter Systeme bzw. Institutionen zusammen. Das Erlebnis des Vertrauens(-bruchs) versichert (bzw. heilt) sich am Horizont der Üblichkeiten, und die systemische Leistung moderner Gesellschaften besteht eben darin, Vertrauensbeziehungen aufsplitten zu können: Man kann, so Luhmann weiter, »einem anderen in Dingen der Liebe, nicht aber in Sachen des Geldes, in seinem Wissen, aber nicht in seiner Geschicklichkeit, in seinem moralischen Wollen, aber nicht in seiner Fähigkeit zu objektiver Berichterstattung, in seinem Geschmack, aber nicht in seiner Verschwiegenheit vertrauen.« (Luhmann 2000: 103 f.)

In politischer Hinsicht ist Vertrauen dann eine wesentliche Ressource des Gemeinwesens. Es muss in drei Richtungen bestehen, erstens in den vertikalen Interaktionen zwischen der Bevölkerung und ihren politischen Repräsentanten, zweitens in den horizontalen Kommunikationen unter Mitbürgern, drittens in den horizontalen Beziehungen zwischen den politischen Eliten. Die erste Frage wurde bereits thematisiert; hier besteht ein wachsendes Führungs- und Repräsentationsproblem der Eliten. Die beiden anderen Felder betreffen Kooperationsprobleme im engeren Sinne. Politiker drücken das so aus, dass prinzipiell, wenn auch nicht aktuell, alle demokratischen Kräfte koalitionsfähig sein müssten (oder eben eine extreme Partei aus dem »Verfassungsbogen« ausgeschlossen bleibt); in der Bürgerschaft beginnen Sätze mit »Wir alle ...«, das heißt: eine verallgemeinerte »Vertrauenswürdigkeitsunterstellung« verbürgt das Funktionieren einer konstitutionellen Ordnung.

Das Hauptproblem von Massendemokratien ist, dass sich hier nicht, wie vielleicht noch in einer überschaubaren Dorfversammlung, von vornherein »Vertraute«, sondern Fremde Vertrauen schenken müssen, die miteinander keine Erfahrung haben und sich von daher nicht wechselseitig testen konnten. Ein Beispiel: Ich musste Helmut Kohl aushalten, und zwar sechzehn Jahre lang, obwohl mich mit ihm milieumäßig und intellektuell wenig verbindet und man seinem arkan-nepotistischen Führungsstil gründlich misstrauen durfte (deswegen votierte ich bei jeder Wahl gegen ihn), und zwar, weil ich der Mehrheit, die ihn gewählt hat, vertrauen musste. Andernfalls hätte ich zum Privatmann werden oder womöglich undemokratische Mittel zum Sturz von Helmut Kohl und zur Überwindung der »Tyrannei der Mehrheit« anwenden müssen.

Das Einzige, was ich legaler- und legitimerweise gegen einen mir nicht genehmen Volksvertreter tun kann, ist, das Misstrauen meiner Mitbürger gegen ihn zu schüren. Dem einen und seiner Partei kann ich gründlich misstrauen, allen anderen aber muss ich zutrauen, benevolent handeln zu können. Das gilt dann unter Einschluss »fremder« Ethnien, Religionen und Kulturen, worin heute ja die postnationale Standardkonstellation besteht. Diese Lage erinnert an die Zumutung, einem wildfremden Menschen Glauben zu schenken, der mich an der Kasse eines Supermarktes um einen nennenswerten Geldbetrag bittet und ich mich darauf verlassen soll, dass er mich schon nicht übers Ohr hauen und mir den genauen Betrag zurückerstatten wird. Wir sind zu solchem moralischen Kredit eher bereit, wenn die Person sich irgendwie »ausweisen« oder ihren Vertrauensstatus durch eine Institution zertifizieren kann, die wir ihrerseits für vertrauenswürdig erachten.

Politiker müssen gleich in mehrfacher Hinsicht vertrauenswürdig sein – durch ihre Amtsführung, durch ihre Persönlichkeit und durch ihre moralische Integrität. (Lepsius / Meyer-Kalkus 2011) Ihre Glaubwürdigkeit ist umso größer, je mehr man sich darauf verlassen kann, dass die vertraute Instanz das Vertrauen um seiner selbst willen, also aus intrinsischen Motiven erfüllt. Im Blick auf die oben skizzierte Große Transformation stehen wir vor einem doppelten oder sogar dreifachen Vertrauensdefizit: Erstens glauben die Bürgerinnen und Bürger immer weniger an die Kompetenz, Bereitschaft und Verantwortlichkeit ihrer Vertreter, mit den anstehenden Großproblemen fertigzuwerden. Zweitens mangelt es in der uneinigen Bürgerschaft an der Bereitschaft, dieses Manko der Führungseliten durch mehr eigene Anstrengung auszugleichen; diese werden eher einem pauschalen populistischen Generalverdacht ausgesetzt. Drittens kommt es womöglich, wo sich Populisten und Extremisten als politische Akteure einschalten, zu einem Kooperationsversagen unter den Führungseliten und den gefürchteten Zuständen von Unregierbarkeit und Politikversagen.

... Misstrauen besser

In dieser Situation reklamieren Politiker oft pauschal mehr Vertrauen. Dabei verkennen sie, dass Misstrauen das Salz in der Suppe der Demokratie ist – und zwar nicht erst, wenn es zu dem entsprechenden Votum kommt, das Regierungschefs oder -mitgliedern in einer von Fall zu Fall unterschiedlich geregelten parlamentarischen Prozedur bei einer konträren Mehrheit zum Rücktritt zwingt. Permanent schwebt über Regierenden das Damoklesschwert, abberufen zu werden – richtigerweise, weil das Volk aus strukturellen Gründen und historischer Erfahrung davon ausgehen muss, eine unbeaufsichtigte Exekutive könne Machtmissbrauch betreiben. Verfassungen und Parlamentarismus waren historisch Ausdruck und Instrument eines auf Dauer gesetzten Misstrauens, indem Volksvertretungen die bis dahin absolute Staatsmacht kontrollieren und Oppositionen der Regierung auf die Finger schauen.

Misstrauen ist im soziologischen Sinne von Niklas Luhmann eine ebenso »riskante Vorleistung« wie resp. ein »funktionales Äquivalent« zu Vertrauen; beide Haltungen reduzieren Komplexität und erlauben unter der Bedingung von Unsicherheit intuitive Entscheidungen. Genau wie politische Eliten per Wahl einen »Vertrauensvorschuss« (d. h. politischen Kredit) erhalten (ein Ausdruck davon ist die 100-Tage-Frist, um sich in einem Amt zurechtfinden zu können), leben sie im »Debit«, insofern sie Vertrauen erst verdienen müssen und es rasch verspielen können. Misstrauen ist somit eine notwendige Probe auf die Vertrauensbasis laufender Politik.

Wikileaks ist ein grundsätzliches Misstrauensvotum, wie es schon die klassischen Printmedien als »vierte Gewalt« mit einer typischen Neigung zum Ätzen und Zersetzen für sich in Anspruch nehmen. Ein außerparlamentarisches, vom »Leak«-Gedanken geprägtes Beispiel konstruktiven Misstrauens war eine jüngere Aktion der tageszeitung (taz), Parteispenden transparent zu machen. Auf der Webseite taz.de/parteispendenwatch wurden die Spendenberichte der Parteien von 1994 bis 2009 in einer Datenbank erfasst. Darin kann nach Partei oder Betrag, aber auch nach Namen oder juristischen Personen gesucht werden, die Spenden ab 10 000 Euro Gesamtsumme pro Person und Jahr erhalten haben. Als Anlass für diese Nachprüfung hatte die taz ein Beispiel gegeben: »So wurde die Gertrudis-Klinik in Leun-Biskirchen etwa zum 1. Januar 2011 in den hessischen Landeskrankenhausplan aufgenommen. Statt 18 Betten für gesetzlich Versicherte hat das Krankenhaus seitdem bis zu 140 Kassenplätze. Verantwortlich für die Entscheidung war das CDU-geführte hessische Sozialministerium. Im Jahr 2009 hatte die Gertrudis-Klinik 15 000 Euro an die CDU gespendet. Fällt auch Ihnen auf, dass ein Parteispender von einer politischen Entscheidung profitiert hat?«

Ein Schelm, wer Böses dabei denkt? Wohl kaum. Wie Vertrauen und Unterstützung erheblich zu weit gehen können, belegt die akute Staatskrise Italiens, in die das Land allen voran sein 17 Jahre amtierender Premierminister geführt hat – ohne dass er gestürzt und verurteilt wurde. Schon dass man den Cavaliere Berlusconi mit seiner Saga als erfolgreicher Unternehmer und guter Familienvater antreten ließ, war ein Zuviel des Vertrauens; dass die italienischen Wähler und

Wählerinnen ihn, nachdem er eindeutig gescheitert war, zurückholten und trotz einer Serie handfester Verfassungsbrüche und Wirtschaftsverbrechen mehrfach bestätigten (und damit zu dem am längsten amtierenden Regierungschef der EU machten), war ein wahrer Vertrauensexzess. Denn der vor allem für sich selbst so erfolgreiche Unternehmer ließ nicht nur die Produktivität und Kreditwürdigkeit der italienischen Volkswirtschaft in den Keller gehen, er glänzte nicht nur mit peinlichen Sexskandalen, er ruinierte auch das institutionelle Gerippe des italienischen Staates, den er und seine Getreuen sich regelrecht zur Beute machten. Italiens Jugend, zu mehr als einem Viertel arbeitslos, traut heute (ebenso wie ihre Altersgenossen in Spanien, Portugal und Griechenland) weder der abgehalfterten Regierung noch der kraftlosen Opposition und sucht »einen neuen Gesellschaftsvertrag für alle«. (Boeri/Garibaldi 2008)

Es ist angesichts dieser Gefährdungen kaum mitanzusehen, auf welch ungeeignete, oft geradezu als täppisch empfundene Weise politische Repräsentanten Vertrauen restituieren wollen: durch mediale Inszenierung, die Sympathie erzeugen, durch Dialog, der Akzeptanz befördern, und durch ein Bad in der Menge, das eine Art körperliche Bindung herstellen soll. Der kategorial richtige Weg wäre natürlich echte Rechenschaftspflicht, also über Tun und Lassen wahrheitsgemäß Auskunft zu geben und somit glaubwürdig als eine legitime Volksvertretung zu werden. Das ist die Bringschuld der politischen Akteure, während sich Institutionenvertrauen durch einsichtige, weithin als gerecht empfundene Entscheidungen ergibt. Und vor diesem Hintergrund können Bürgern dann ebenso legitimerweise Obligationen (oder republikanische Tugendhaftigkeit) abgefordert und kann in der Bürgergesellschaft vorhandenes Sozialkapital als Vertrauensnetzwerk für politische Ziele genutzt werden.

Vertrauen kann nicht verordnet, konditioniert, erschlichen werden. Wie also soll es zurückgewonnen werden? Ich sehe drei Ebenen möglichst absichtsloser Vertrauensbildung: die transparente Selbstdarstellung politischer Entscheidungen, die bereitwilligere Verantwortungsübernahme der Zivilgesellschaft, die sich nicht als Widerlager »der« Politik, sondern als Zentrum des Politischen begreifen muss, und schließlich die höhere Reflexions- und Deliberationsfähigkeit der politischen Systeme, auf die ich im nächsten Abschnitt zu sprechen komme.

Vertrauen bilden würde, sozusagen als Vorableistung, eine weitreichende Selbstreformierung des Parteienwesens. Fast überall in den westlichen und neuen Demokratien bestehen erhebliche Diskrepanzen zwischen dem vorliegenden Zuschnitt des Parteienmusters, das auf der Grundlage alter Spaltungs- und Konfliktlinien der Gesellschaft gewachsen ist, und den akuten Erfordernissen für rasches und zielführendes Entscheidungshandeln. Die wilde ideologische Polarisierung des Zweiparteiensystems in den USA wirkt nicht nur ganz und gar »unamerikanisch«, sie brachte den Kongress an den Rand einer politischen Bankrotterklärung und die amerikanische Hegemonie zu ihrem Ende, weil die Binnen- und Außenverschuldung der Vereinigten Staaten ihre politisch-militärische und geoökonomische *hard power* lahmlegt. Ähnlich verhält es sich mit der schon tiefer gesunkenen Supermacht: Die ganz auf präsidiale Dynastien zugeschnittene Oligarchie in der Russischen Föderation lähmt die Modernisierungsfähigkeit des postsowjetischen Systems, das als Petrodollar-Regime kaum überleben kann. Die freiwillige Medienabhängigkeit so ehrenwerter Demokratien wie der britischen und italienischen rächt sich nun in einer Serie von Skandalen, die das politische Führungspersonal zu verschlingen drohen. Und die ethno-nationalistischen Nostalgien Belgiens und Ungarns provozieren den Zerfall resp. die Isolation dieser politischen Einheiten.

In Deutschland erscheint die Situation nicht so dramatisch, aber auch hierzulande werden fällige Entscheidungen dadurch blockiert, dass sich die Parteien wagenburgartig in Blöcken, Lagern und Projekten verschanzt haben, während zusätzlich zwei obsolet wirkende Kleinstparteien, FDP und CSU, und Die Linke als überwiegende Regionalpartei, verhindern, dass sich virtuelle Reformmehrheiten für eine bessere Gesundheits- und Agrarpolitik tatsächlich in parlamentarischen Entscheidungen abbilden lassen.

Schwarz-Grün?

Politik ist legitimer Machtkampf und nicht zuletzt Allianz- und Koalitionsbildung zur Erringung und Stabilisierung rechnerischer Mehrheiten. Sie darf sich aber nicht in diesen Manövern erschöpfen und vor allem nicht die Rede über Politik dominieren, wie dies in Mehrparteiensystemen die Regel geworden ist. Diese oder jene Konstellation wird zum »Projekt«

oder gar zur »Liebesehe« stilisiert, eine andere vor einer Wahl kategorisch ausgeschlossen und nach der Wahl dann doch eingegangen.

In diese Tabuzone gehörte lange Zeit Schwarz-Grün, ein Bündnis zwischen den beiden wichtigsten politischen Erfindungen nach 1945 in Deutschland und Europa, der Christdemokratie und der Ökologiebewegung. Beider historische Leistung bestand ja darin, einen antiparlamentarischen Konservatismus zu verabschieden beziehungsweise die Fixierung der Linken auf die Entwicklung der industriellen Produktivkräfte. Die Kombattanten, die noch 2010 im Brustton der Überzeugung von »Hirngespinsten« und »fehlenden Schnittflächen« redeten, werden nach der jeweils nächsten Wahl in Ländern und Bund selbstredend bereit sein, das Kontaktverbot mit Blick auf den ominösen Wählerwillen aufzuheben und, schweren Herzens versteht sich, jede Machterhaltungschance zu nutzen. Schwarz-Grün als Option in petto zu haben und wahrzunehmen, ist für Parteipolitiker übrigens nicht unmoralisch, es ist ihre Stellenbeschreibung. Sie täten nur gut daran, die nervtötende Ausschließeritis zu unterlassen – das füllt politische Talkshows, erschwert aber eine zügige Regierungsbildung.

Gescheitert ist Schwarz-Grün trotzdem, aber nicht erst mit dem Bruch der ersten Landeskoalition im Stadtstaat Hamburg 2010, genau wie alle anderen Patentrezepte aus der Koalitionsküche – das rot-grüne Projekt der sozial-ökologischen Modernisierung, das schwarz-gelbe Anti-Projekt zur Verteidigung bürgerlicher Stagnation. Die beiden Lager, die sich nach dem Debakel der Hamburger Lokalregierung und dem

Stuttgarter Bürgeraufstand reflexhaft wiedervereint haben, bieten Deutschland nicht per se ein Zukunftsprogramm. Rot-Grün, nach Lage der Dinge vermutlich nur unter Einschluss der geläuterten postkommunistischen Linken möglich, würde womöglich Rückzugsgefechte gegen den Untergang des europäischen Wohlfahrtsstaats führen. Schwarz-Gelb, das an die Ängste vor dem Zusammenbruch ebendieses Wohlfahrtsstaates appelliert, könnte sein Steuersenkungsversprechen an den Mittelstand nicht einlösen und würde sich ersatzweise womöglich dem Rechtspopulismus anverwandeln. Dieses Trauerspiel ist auf der europäischen Bühne längst im Gange.

Schwarz-Grün war einmal eine Hoffnung auf den Ausstieg aus dem Industrialismus, der seine Schattenseiten mit Zukunftsausbeutung kaschiert hat. Das Lebenselixier wirtschaftlichen Wachstums wurde mit Staatsschulden und mit einer Naturzerstörung bezahlt, deren Folgen kommenden Generationen aufgebürdet wurden. Ein schwarz-grünes »Projekt« hätte vor 20 oder 30 Jahren genau darin bestanden, sich demgegenüber im besten Sinne konservativ zu verhalten, also »die Schöpfung« (christlich) zu bewahren und »Nachhaltigkeit« (säkular) nicht allein beim Schuldenmachen zu praktizieren. Was konservativ erschien, wäre in Wahrheit progressiv gewesen – es hätte mehr Zukunft ermöglicht.

So ungleich der Ausgangspunkt im christlichen Milieu und in der Ökoszene auch war, darin hätte eine wahrhaft radikale Alternative menschen- und lebensfreundlicher Politik bestanden. Im Gründungsmagma der Grünen mit Petra Kelly und Herbert Gruhl, Joseph Beuys und Otto Schily war dies ebenso präsent wie in seinen konservativen Schichten. Ökologisch wäre eben nicht links oder rechts gewesen, sondern tatsächlich: vorn.

Es kam bekanntlich anders: Gewählt hat die Union Helmut Kohls die Allianz mit dem Wirtschaftsliberalismus samt der damit verbundenen willentlichen Perforation des Sozialstaates und der schamlosen Anbiederung an den Rechtspopulismus, wo immer das opportun schien. Was heute in der CDU/CSU und um sie herum als konservativ thematisiert wird, nämlich irgendetwas Gedönsartiges mit Familie, Leitkultur und Glauben, ist für die Beantwortung der aktuellen Problemlagen und die Zukunftsaufgaben ziemlich irrelevant. Und wo die Modernisierer der Union noch etwas zu sagen haben, folgen sie dem Mainstream, der mittlerweile grün ist. Die Versöhnung von Ökologie und Ökonomie, etwa im koalitionstaktisch halbierten Energiekonzept Norbert Röttgens 2010/11, gründet sich in der Hoffnung auf ein nunmehr grünes Wachstum. An der Basis der Union bleiben indessen viel Ressentiment gegen das grüne Milieu und die Verbundenheit mit der Großindustrie, bei vielen Wählern und Funktionären der Grünen ist es spiegelverkehrt.

Ein schwarz-grünes Regierungsbündnis ist zum Scheitern verurteilt, das rechnerisch 2013 ebenso möglich erscheint wie ein rot-grünes (oder gar grün-rotes?), wenn es kein Fundament hat in gemeinsamen Aufgaben einer nachhaltigen Politik. Die Sollbruchstellen waren und bleiben nicht zufällig Großprojekte wie Stuttgart 21 und der Rückbau des Nuklearkomplexes. Entspannung zeigt sich bei den seit Jahrzehnten bis zum Überdruss traktierten bildungspolitischen System- und Statusfragen (z. B. Gymnasium versus Gesamtschule).

Dahinter steckt mehr: das generelle Versagen der Volksparteien, überhaupt noch innovative, nicht klientelverhaftete Mitglieder an sich zu binden. Die Union hat die von den Sozialdemokraten vorexerzierte Kernschmelze eventuell noch vor sich; weder eine national-populistische Partei noch eine wie auch immer radikal christliche Pro-Life-Abspaltung werden sich ewig verhindern lassen.

Die Grünen, durchaus auf dem Weg zur Volkspartei neuen Typs, können derzeit mobilisieren, weil sie dem bürgerlichen Milieu eine politische Heimat bieten und weil sie als politische Föderation interne Konflikte in diverse Unterabteilungen abschieben können – die Schwulen reklamieren das Ehegattensplitting für sich, das die Steuerpolitiker gerade abschaffen wollen, Industriepolitiker planen Windparks, gegen welche die Naturschützer aufbegehren, und so weiter. Als Regierungspartei, erst recht auf Bundesebene und auf Augenhöhe mit dem jeweiligen Koalitionspartner, wird das kaum noch gut gehen, wie man bereits am Ausgang des Konflikts um Stuttgart 21 sehen kann.

Meine Schlussfolgerung ist gleichwohl halbwegs optimistisch, weil es außerparlamentarische Kräfte gibt und in den Parlamenten neue Konstellationen möglich sind. Erstens kristallisiert sich eine neue Form der Netzwerkpolitik heraus, die aktive Kräfte nachhaltiger Politik aus den jeweiligen Aktionsfeldern (Energie, Mobilität, Ernährung etc.) ohnehin nicht mehr als Mitglieder einplanen kann, sondern ihnen bestenfalls noch den Service intermediärer Organisationen anbietet, nämlich Interessen programmatisch zu bündeln und Interessenkoalitionen auf Zeit zu schmieden.

Zweitens wird es auch nicht länger angehen, dass rechnerisch vorhandene überparteiliche Mehrheiten für vernünftige und konsensfähige Reformen von den Hütern heterogener Koalitionen vier, fünf Jahre lang sozusagen in Geiselhaft genommen werden können. Nachhaltige Politik ist in diesem Land längst mehrheitsfähig, von den Wertpräferenzen und Einstellungen sowieso und oft auch als virtuelle Stimmenmehrheit in den Parlamenten. Für eine alternative Agrarpolitik zum Beispiel hat man eine satte Mehrheit, die von der CSU bis zu den Linken reicht, die aber mit Rücksicht auf die Lagerinteressen niemals so abstimmen darf. Die Liberalen dürfen rituell auf Steuersenkung pochen, die Christsozialen sich gegen die EU-Erweiterung durch die Türkei stemmen und beide zusammen gegen eine allzu weit gehende Energiewende mobil machen.

Die Rettung der parlamentarischen Politik und die Chance für eine Politik der Nachhaltigkeit läge also in der Aufhebung der starren Koalitions- und Fraktionsdisziplin, die Ad-hoc-Koalitionen der Nachhaltigkeitspolitik erlaubt, und in der Aufgabe des absoluten Führungsanspruchs der Parteien, der ihnen, nur scheinbar paradox, mehr Spielraum geben würde.

Parteien 2.0: Eine Volksdemokratie neuen Typs?

Angesichts des beschriebenen Vertrauensverlusts in die Parteien und ihre Repräsentanten müssen diese endlich eine Reform des gesamten Parteienwesens in Betracht ziehen. Denn andererseits wächst die Bereitschaft, in umwelt-, energie- und klimapolitischer Hinsicht »von unten« tätig zu werden. Was (trotz des Aufstiegs grüner Parteien) fehlt, ist dann aber die adäquate Bündelung und Vertretung auf der parlamentarischen Ebene. Darauf bleiben die Proponenten einer Politik der Nachhaltigkeit aber angewiesen, nicht nur, um ein Gefühl der Selbstwirksamkeit zu erreichen, sondern auch, um disparate Ansätze zu kommunizieren und sie in ein übergreifendes Innovationsszenario einzubauen. Als außerparlamentarische soziale Bewegung allein werden sie kaum Erfolg haben.

Das klassische pluralistische Aggregationsmuster beruhte materiell auf zahlender Mitgliedschaft und privater und/oder staatlicher Parteienfinanzierung. Genau diese Bereitschaft, sich als Mitglied dauerhaft zu engagieren und Zahlungen dafür zu leisten, ist in der Bürgerschaft aber immer weniger vorhanden. Es dürfte also vor allem den Volksparteien kaum gelingen, den verstreuten Keimen und Kernen, den fluiden Netzwerken nachhaltigen Wirtschaftens auch ohne feste Mitgliedschaften den notwendigen Entfaltungsraum zu bieten. Für *citizen empowerment*, die Stärkung der Bürgergesellschaft, hat die Berufspolitik wenig Sinn und Gespür. Stuttgart 21, aber auch der Hamburger Volksentscheid zur Schulpolitik haben demonstriert, wie wenig die Parteien ihren Integrationsaufgaben noch gewachsen sind – und wie wenig sie erst recht den

Keimen und Knoten nachhaltiger Lebenspraxis, wie man sie gerade in Schul- und Verkehrsprojekten antrifft, einen Entfaltungsraum und ein Experimentierfeld bieten.

Eine Volkspartei neuen Typs muss also zunächst einmal das, wie es unter Politikern einmal arrogant hieß, »vorpolitische« Terrain sondieren und aktive Feldforschung betreiben. Dort fände sie reale wie virtuelle Kommunikationsgemeinschaften, die in einem wenigstens indirekten Sinne politisch aktiv sind: Arbeitsteams und Berufsvereinigungen, Sportvereine und Ehrenamtliche, Schulklassen und Lehrerkollegien, findige Selbstständige und rührige Ruheständler und nicht zuletzt die Web-Gemeinschaften der Social Media. Vermeintlich unpolitische Akteure des Wandels wirken im Kleinen und bringen Reformen voran. Überwiegend beziehen sich ihre Aktivitäten nicht direkt auf ökologische Themen im engeren Sinne, eher auf die Verbesserung von Arbeitsorganisation, Erziehungspraxis, Altenpflege und dergleichen, es ist Nachbarschaftshilfe in Alltags- und Notsituationen, an denen mögliche Ziele guten Lebens aufscheinen (oder dessen Abwesenheit drastisch deutlich machen).

Die im vorigen Abschnitt skizzierten Agenten des Wandels sind üblicherweise nicht in größeren Verbänden und auf längere Zeiträume organisiert; dennoch sind sie politische Wesen, auch wenn sie sich kaum für die Sorte Politik interessieren, die sie aus elektronischen Medien kennen, die ständig »thematisiert« und Forderungen erhebt, aber zu wenig unternimmt und voranbringt. Ökologische Politik, die um mehr als mediale Präsenz und demoskopische Zustimmung bemüht ist, muss diese *change maker* ausfindig machen, ihnen auf Augenhöhe begegnen und sie als respektierte Netzwerkpartner gewinnen.

Und es ist keineswegs abwegig, ihnen wieder die Mitgliedschaft in einer Partei anzubieten, in der man heute sehr viel rascher in Entscheidungspositionen gelangen kann als früher, als man von Altgedienten auf die Ochsentour und zum Plakatekleben geschickt wurde. Das scheinbar paradoxe Ergebnis der außerparlamentarischen Protestwelle, die von der europäischen Peripherie ins Zentrum rollte, lautet für mich deswegen: Bürger, tretet massenhaft den Parteien bei!

8. Reformen

Der gestaltende Staat ...

Eckpfeiler des neuen Gesellschaftsvertrags ist, wie oben dargelegt, der gestaltende Staat mit mehr Bürgerbeteiligung, und zwar nicht nur auf nationaler Ebene, sondern auf den verschiedenen Etagen im »Mehrebenensystem« globaler Kooperation. Ein solcher (fiktiver) Vertrag vermittelt zwei Aspekte, die häufig getrennt oder konträr gedacht werden: einerseits die Stärkung des Staates, der Prioritäten setzt und diese (etwa mit Bonus-Malus-Lösungen, die erwünschtes Verhalten belohnen und unerwünschtes sanktionieren) deutlich macht, andererseits die »Ermächtigung« der Bürgerinnen und Bürger zur Mitsprache, Mitbestimmung und Mitwirkung. Der gestaltende Staat steht fest in der Tradition der liberalen und rechtsstaatlichen Demokratie, entwickelt diese aber im Sinne der Zukunftsfähigkeit demokratischer Gemeinwesen und freier Bürgergesellschaften weiter und berücksichtigt die Grenzen, innerhalb derer sich Wirtschaft und Gesellschaft auf einem endlichen Planeten entfalten können. Während Klimaschutz oft als Freiheitseinschränkung und Verzichtszumutung aufgefasst wird, steht die gestaltende und aktivierende Staatlichkeit unter der ausdrücklichen Zielsetzung, Freiheitsspielräume und Handlungsoptionen auch künftiger Generationen zu bewahren und nach Möglichkeit zu erweitern.

Die politischen Eliten setzen derzeit hingegen auf business as usual, auf ein (auch für sie letztlich unbequemes) Weiter-so. Bleiben wir nicht bei der Feststellung dieser Selbstblockade stehen, und fragen wir, mit welchen Reformen in Deutschland und Europa sie zu überwinden ist. Der WBGU hat 2011 empfohlen, dieses Ziel auf fünf Ebenen zu verfolgen: verfassungsrechtlich durch eine Statuierung des Staatsziels Klimaschutz, materiell-rechtlich durch ein Klimaschutzgesetz, prozedural durch mehr Informations- und Beteiligungsrechte sowie Rechtsschutz für Bürger und Nichtregierungsorganisationen und institutionell durch ein Klima-Mainstreaming der Staatsorganisation.

1. Staatsziel Klimaschutz

Grundrechte haben sich stets dynamisch weiterentwickelt: von den in den bürgerlichen Revolutionen des 18. Jahrhunderts erstrittenen Freiheitsrechten über die im 19. und 20. Jahrhundert erkämpften Beteiligungsrechte zu den sozialen Rechten für alle (Voll-)Mitglieder einer staatlich verfassten Gesellschaft. Heute müssen sie in Richtung auf ökologische Grundrechte weiterentwickelt werden. Einen Ansatzpunkt bietet bereits Artikel 20a des Grundgesetzes:»Der Staat schützt auch in Verantwortung für die künftigen Generationen die natürlichen Lebensgrundlagen und die Tiere im Rahmen der verfassungsmäßigen Ordnung durch die Gesetzgebung und

144

nach Maßgabe von Gesetz und Recht durch die vollziehende Gewalt und die Rechtsprechung.« Ein ergänzendes Staatsziel »Klimaschutz« trüge dem Charakter des Klimas als globalem Gemeinschaftsgut bzw. überindividuellem Schutzgut Rechnung. Es verpflichtet den Staat und seine Organe, den Klimaschutz bei allen relevanten Entscheidungen zu berücksichtigen, Gerichte können dies ihrer Kontrolltätigkeit zugrunde legen. Anders als eine gehässige Kritik meint, wird damit nicht ein ökologischer »Tugendausschuss« nach dem Muster der Comités de Salut während der radikalen Phase der Französischen Revolution eingeführt – wer so redet, hat weder die (bürgerliche!) Revolution noch die Demokratie begriffen.

2. Verabschiedung eines Klimaschutzgesetzes

Das Staatsziel Klimaschutz wird ein deutliches normatives Signal geben, auch als Unterfütterung der Energiewende, die nicht nur eine Abkehr von der Atomenergie bringen soll, sondern auch auf die Klimaverträglichkeit der Ersatz- oder Brückentechnologien achtet. Dieses Signal dürfte auch weltweit Beachtung finden. Andererseits steht es nur auf dem Papier, wenn es auf »einfachgesetzlicher Ebene« nicht durch ein Klimaschutzgesetz konkretisiert wird, das obligatorische Leit- bzw. Grenzwerte und die Etappen der Emissionsreduktion festlegt. Positiv können Zielkorridore für den Anteil der Erneuerbaren Energien am Primärenergieverbrauch festgelegt werden, analog dazu Steigerungsraten der Material- und Energieeffizienz. Nach dem vom WBGU zur Kopenhagen-Konferenz vorgeschlagenen Budgetansatz (WBGU 2010) sollte Deutschland die vollständige Dekarbonisierung seiner Energiesysteme bis 2050 verbindlich erreichen; dies entspricht einer hundertprozentigen Reduktion des in Deutschland emittierten CO_2 aus fossilen Energiequellen.

Kritiker erheben dagegen den Vorwurf der Planwirtschaft, übersehen dabei aber geflissentlich, dass ein solcher Budgetansatz eher die Marktmechanismen nützt; im Übrigen sprengt diese Planung keineswegs den Rahmen der Szenarien und Regularien, die immer schon für eine rationale Energieversorgung zugrunde gelegt wurden. Dabei ging es vornehmlich um eine möglichst sichere und preiswerte Versorgung und wurden wichtige Faktoren (etwa die Kosten der Entsorgung von Atommüll) externalisiert. Heute muss Energie nicht nur sicher und billig zu haben, sondern eben auch nachhaltig verfügbar, sauber und fair sein. Das Vorsehen von Planung ist in Übergangsphasen völlig normal und kein ordnungspolitischer Sündenfall; die Aufwertung des Staates, genauer: der Politik als Akteur, ist den Kritikern vermutlich aus rein ideologischen Motiven ein Dorn im Auge.

3. Mehr Information, Beteiligung und Rechtsschutz

Gegner des Gesellschaftsvertrags malen dennoch gerne die Ökodiktatur an die Wand. Sowenig sie wie gesagt von Diktatur und Demokratie verstehen, so abhold ist das Vertragskonzept irgendwelchen autoritären Neigungen. Denn die beabsichtigte Stärkung des Staates kann ausdrücklich nur dann Legitimität beanspruchen, wenn die Bürgerschaft weit mehr als bisher üblich an Entscheidungen beteiligt wird. Erweiterte Information, Beteiligung und Rechtsschutz bilden das unverzichtbare Pendant zur Politisierung der Energieversorgung.

Das bringt in einem Feld, das bisher nicht gerade durch Transparenz, Mitbestimmung und Sozialverträglichkeit bestochen hat, nicht weniger, sondern mehr Demokratie. Und anders als bei der überstürzten Energiewende 2011, muss die Bürgerschaft über die für den Klimaschutz und für die Energiewende wesentlichen Vorhaben zu einem Zeitpunkt unterrichtet werden, in dem noch Optionen offen sind und sie aktiv in den Planungs- und Zulassungsprozess einbezogen werden kann. Man darf gespannt sein, wie der im Juli 2011 durch die Bundesregierung eingerichtete »Bürgerdialog zur Energiewende« verlaufen wird und welche Impulse die baden-württembergische Staatsrätin für Zivilgesellschaft und Bürgerbeteiligung, Gisela Erler, geben kann.

Ein scharfes Schwert sind Rechtsbehelfe in Form überindividueller Verbandsklagen, die das deutsche Recht bisher kaum kennt; behördlich anerkannte Nichtregierungsorganisationen könnten künftig, zusätzlich zu bestehenden Rechtsschutzmöglichkeiten, die gerichtliche Überprüfung der getroffenen Entscheidungen erwirken. Ein anderes Machtmittel ist die Einsetzung von Ombudsleuten mit Beschwerde- und Kontrollrechten, ein weiteres, bisher selten konsequent erprobtes Instrument sind entscheidungsnahe Erörterungsverfahren, die wissenschaftlichen Sachverstand ebenso wie Laienexpertise heranziehen und die Verwaltung und den Gesetzgeber unterstützen, das nun allgemein proklamierte Ziel zu verwirklichen, schneller und demokratischer voranzukommen.

Dass damit wiederum kein Systembruch vollzogen wird, zeigt ein Blick in die gültige Aarhus-Konvention der Vereinten Nationen. Sie verpflichtet die Vertragsstaaten längst, die

Bürgerschaft über umweltrelevante Vorhaben zu informieren und ihr Informations-, Beteiligungs- und Rechtsschutzmöglichkeiten zu geben. Voraussetzung ist besonders bei Großprojekten die frühzeitige, umfassende und kontinuierliche Beteiligung von Betroffenen und Öffentlichkeit. Alternative Entwürfe müssen gleichberechtigt geprüft werden, und die Verfahrenstransparenz muss zum Beispiel durch die Übertragung der Beratungen in Radio und Fernsehen sowie die Nutzung interaktiver Formate in digitalen Medien gewährleistet werden. Auch die Instrumente der Mediation und Schlichtung in Konfliktfällen müssen entsprechend ausgebaut werden.

Für die demokratische Mitwirkung schlagen Umweltrechtler wie Sabine Schlacke einen überindividuellen Verbandsrechtsbehelf vor, zum Beispiel eine Klage eines behördlich anerkannten Verbandes, die auch ohne Verletzung eigener Rechte erhoben werden kann. In Deutschland bedarf es hier wegen des Individualrechtsschutzes einer ausdrücklichen Einführung durch den Gesetzgeber, aber auch das ist kein Umsturz, sondern setzt EU-Recht um: Schon mit dem Ende 2006 in Kraft getretenen Umwelt-Rechtsbehelfsgesetz wurden die Möglichkeiten der Umweltverbände ausgeweitet, mittels Verbandsklage Rechtsverletzungen geltend zu machen. Die »Rügefähigkeit« von Verstößen gegen Vorschriften zum Klimaschutz durch Verbandsrechtsbehelfe könnte dazu führen, dass das Staatsziel von den zuständigen Behörden tatsächlich respektiert wird.

An dieser Stelle kippt die öffentliche Debatte übrigens oft um: Wurden eben noch Befürchtungen laut, Bürger müssten ihre Freiheiten untunlich einschränken, steht nun die Angst im Raum, sie würden diese – als Wutbürger und Prozesshansel eben – zu sehr nutzen. Eine Klagelawine muss man aber gar nicht befürchten. Rechtsschutz eröffnen nämlich durchaus auch außergerichtliche Kontrollmöglichkeiten zur Durchsetzung überindividueller Interessen wie etwa Klimaschutz und zugleich zur Überprüfung klimaschutzrelevanter Aktivitäten staatlicher Organe. Neben Mediationsverfahren und Petitionsrecht zählt hierzu die erwähnte, auf skandinavische Ursprünge zurückgehende Institution der Ombudsleute. Ihre Einsetzung erleichtert eine außergerichtliche Streitschlichtung in Verwaltungsrechtsverhältnissen und macht eine Kontrolle der Staats- bzw. EU-Organe praktisch möglich.

4. Klima-Mainstreaming

Von der Verfassungs- und Gesetzgebungsebene wechseln wir nun auf die Ebene der Staatsorganisation: Mainstreaming steht dort für die Erhebung von Anliegen vermeintlicher Minderheiten in den Rang mehrheitsfähiger Forderungen und Selbstverständlichkeiten. Dazu gehörte prominent die Gleichstellung von Frauen im Arbeitsleben. Unter der Bezeichnung Gender-Mainstreaming wurde Behörden, Unternehmen und anderen Organisationen die Pflicht auferlegt, ihre Abläufe entsprechend zu gestalten. Diversity-Management beabsichtigt etwas Ähnliches in Gesellschaften, in denen erhebliche Teile der Bevölkerung Migrationshintergrund haben und um Anerkennung ringen. Auch der Klimaschutz, die Erhaltung von Biodiversität und nachhaltige Raumplanung sind heutzutage thematisch in Verwaltungen besser repräsentiert und höher gewichtet als in der Frühphase der Umweltpolitik. Bestehen geblieben ist aber die institutionelle Randständigkeit der zuständigen Ressorts im Verhältnis zu solchen Politikbereichen, die den historischen Kernproblemen von Industrie- und Wohlfahrtsgesellschaften gewidmet sind – das sind die klassischen Ministerien und Senatsabteilungen für Finanzen, Infrastruktur und Soziales. Nachhaltigkeit erlangt im gegebenen Ressortzuschnitt kaum das Gewicht, das sie für die Gestaltung einer postfossilen Wirtschaft haben müsste. Erforderlich ist also der Neuzuschnitt von Ressorts, etwa durch Bildung eines Umwelt-, Klima- und Energieministeriums. Nicht die Ersetzung alter durch neue Superminister ist das Ziel, sondern ein Arrangement, das Belangen der Transformation überall Raum gibt und Priorität einräumt.

Dazu gehört die obligatorische Klimaverträglichkeitsprüfung bei Gesetzesvorhaben, um festzustellen, wie einzelne Vorhaben die Erreichung der Klimaschutzziele betreffen; den Vorzug bekommt jeweils die klimafreundlichere Alternative. Derartige Prüfungen der Gesetzesfolgen sind in Deutschland ebenfalls kein Neuland. Seit einigen Jahren ist eine Bürokratiekostenabschätzung Pflicht, seit Mai 2009 ist zudem eine Nachhaltigkeitsprüfung durchzuführen. Zu viel Bürokratie? Zur Vermeidung von Doppelprüfungen wird »abgeschichtet«: Aspekte, die auf der vorangegangenen Stufe ausreichend geprüft wurden, bedürfen auf der nachfolgenden Ebene keiner erneuten Prüfung.

Als erste Maßnahme hat der WBGU vorgeschlagen, mit Aufgaben wie der Dekarbonisierung der Energiesysteme, der Minderung der Treibhausgasemissionen aus der Landnutzung und der klimaverträglichen Urbanisierung einen Staatssekretärsausschuss für nachhaltige Entwicklung im Bundeskanzleramt zu befassen. Haben bisher Wirtschafts- und Finanzfragen diesen Rang eingenommen, gelangen nunmehr ökologische Belange in diese zentrale Stellung. Da sie Grenzen überschreiten, sollte man ferner einen Staatsminister im Auswärtigen Amt vorsehen, der für globale Nachhaltigkeitsfragen, Dekarbonisierung und Rohstoffdiplomatie zuständig ist. Dazu könnte man Experten aus anderen Ländern in die deutschen Ministerien aufnehmen.

5. Last, but not least: mehr parlamentarische Kontrolle
Zu Recht beklagen Mitglieder des Bundestages und mittlerweile Vertreter aller Verfassungsorgane, das Hohe Haus werde durch eine zu starke Exekutive übergangen und durch legislative Sturzgeburten regelrecht entmachtet. Diese Tendenz zeigte sich auch bei Maßnahmen, die auf breite Zustimmung gestoßen sind, wie zuletzt bei der raschen Verabschiedung der Gesetze vom Juni 2011 zur Umsetzung der vom Kabinett beschlossenen Energiewende. Gegen die Übermacht der Exekutive hat der WBGU empfohlen, die Rolle des Parlaments zu stärken und den Parlamentarischen Beirat für nachhaltige Entwicklung zu einem eigenen Ausschuss im Bundestag zu erheben. Wer sich im Parlament zu Recht über das Fantasma des Durchregierens der Exekutive beschwert, muss aber vor allem selbst parlamentarische Gesetzesinitiativen und Erörterungen ansetzen und sich als Volksvertreter aus der passiven Rolle befreien.

Die Kernprinzipien der liberalen repräsentativen Demokratie werden in diesem Projekt weit ernster genommen als in vorangegangenen Prozessen raschen Wandels, allen voran die finanzwirtschaftliche Deregulierung und Globalisierung in den 1970er- und 1990er-Jahren und der damit einhergehende Ab- und Umbau des Wohlfahrtsstaates. Hat die »ökoliberale« Reform bis hierhin eher den Charakter einer Restauration von Freiheitsspielräumen, muss sie an anderen Stellen weiter gehen und tiefer in das politische business as usual eingreifen.

... und die Demokratisierung der Demokratie

Für viele Kritiker der Demokratie, wie wir sie kennen, besteht die Lösung für die Vertrauens- und Repräsentationskrise in der Ausrichtung von mehr Plebisziten, wenn nicht in einem regelrechten Systemwechsel zur direkten Demokratie. Bestimmte Aspekte davon sind in den letzten Jahrzehnten auch in Deutschland, wo es eine bestimmte Weimar-Hemmung dagegen gab, populärer geworden. (Ober-)Bürgermeister werden direkt vom Volk gewählt, Volksbegehren (wie in Stuttgart) und Volksentscheide (wie in Hamburg) gewinnen an Bedeutung. Wo Proteste bei den gewählten Repräsentanten auf Granit stoßen, wird der Ruf laut, den politischen Konflikt durch ein Plebiszit aufzulockern oder aufzulösen. Und er stößt auch bei Vertretern der politischen Eliten und Politologen zunehmend auf Gehör.

Es zeigen sich derzeit aber rasch die Grenzen des Plebiszits. Dass eine Partei ihren Kanzlerkandidaten durch die Basis bestimmen lassen will und nicht mehr durch Delegierte auf einem Parteitag, mag noch opportun sein. Dass hingegen Volksvertreter, die sich nicht zu einem Gesetz durchringen können, dazu Volkes Stimme anrufen, sieht nur superdemokratisch aus, ist aber oft nur Ausdruck einer schwachen Regierung(skoalition) und von Drückebergerei. Fehlentscheidungen, die auf diese Weise zustande kommen, können dann bequem dem Volk angelastet werden. »Was auf den ersten Blick wie Demut der Regierenden vor dem Volk anmutet, erweist sich auf den zweiten Blick als zusätzliches Instrument persönlicher Machtsicherung von Spitzenpolitikern«, geißelt der Politikwissenschaftler Werner Patzelt diesen »plebiszitären Cäsarismus« von oben. (Patzelt 2011) Extreme Fälle von Cäsarismus sind Hugo Chávez, der seine autoritäre Herrschaft in Venezuela durch Volksabstimmungen akklamieren lässt, und Andry Rajoelina, der sich 2009 auf diese Weise selbst zum Präsidenten des Inselstaats Madagaskar erhoben hat.

Der britische Economist hat jüngst (Economist 2011a) die Ambiguität direkter Verfahren der Willens- und Entscheidungsbildung mit der Alternative »vox populi [Volksdemokratie] or hoi polloi [Pöbelherrschaft]« überschrieben. Weltweites Vorbild ist die Schweiz, wo die Bürgerschaft bis zu 30 Mal pro Jahr Gelegenheit bekommt, über Vorlagen auf lokaler und nationaler Ebene direkt abzustimmen. (Schmidt 2003) In der Schweiz finden 90 Prozent aller landesweiten Plebiszite statt, aber auch in Italien und Liechtenstein, in Uruguay, Litauen, Lettland und Ungarn kommen Referenden vor, während regionale Volksabstimmungen besonders im US-Staat Kalifornien und lokale in Japan stattfinden. Auf supranationaler Ebene hat die Europäische Union ein Petitionsrecht mit einem

Quorum bei einer Million Unterschriften (gleich 0,2 Prozent der EU-Bevölkerung) eingeführt.

Während das Schweizer Modell weltweit Anklang findet und Schule macht, kommen aus der Schweiz selbst überaus kritische Stimmen. Der Schweizer Historiker Raphael Gross beklagt die Unterhöhlung der Legitimität der Volksvertreter, die populistische Volksinitiativen beim besten Willen nicht in Gesetze ummünzen können. (FAZ, 17.12.2010) Jüngste Beispiele sind die muslimfeindliche Minarettinitiative, die xenophobe »Ausschaffungsinitiative«, die Initiative zur Unverjährbarkeit von pädophilen Straftaten und eine Vorlage zur Verschärfung der Dauersicherheitsverwahrung von Sexualstraftätern, die allesamt gegen die europäische Menschenrechtskonvention verstoßen. Gross kritisiert an diesen meist von der populistischen Schweizer Volkspartei initiierten oder unterstützten Volksabstimmungen einen »Dauerbeschuss des Rechtsstaates«; das Referendum sei zum »Kampfinstrument gegen Minderheiten« verkommen und erwecke eine gefährliche Illusion von Demokratie, die einen einheitlichen Volkswillen postuliert und davon abweichende Meinungen dämonisiert.

Nicht minder umstritten ist die direkte Demokratie, wie sie in Kalifornien praktiziert wird. Durch inkohärente und widersprüchliche Mandate, die ohne Rücksicht auf die fiskalischen Ressourcen des US-Staates durchgepaukt wurden, ist die Wirtschaftskraft des Staates geschwunden – Rating-Agenturen geben dem Sonnenstaat nur noch ein A, den Rang von Schrottpapieren also. Der Staat ist pleite, die Mittelschicht auf Dritte-Welt-Niveau. Liegt das nur an ökonomischen Gründen? Kalifornier haben vier Möglichkeiten, direkt zu entscheiden:

durch Referendum (Befürwortung oder Ablehnung eines Gesetzesvorschlags der Legislative), durch Recall (Absetzung eines Volksvertreters vor Ablauf seiner Amtsperiode), durch Initiative (eine Maßnahme, die Bürger im Erfolgsfall auf den Wahlzettel hieven) und durch Proposition (eine Volksinitiative für eine Initiative). Kritiker wie Nathan Gardels vom Think Long Committee for California sehen in der Praxis der kalifornischen Volksabstimmungen, beginnend mit der berüchtigten Proposition 13 zur Reduzierung der Vermögenssteuer Ende der 1970er-Jahre, den Albtraum der Verfassungsväter und Autoren der Federalist Papers von der Tyrannei der Mehrheit und dem Durchmarsch tyrannischer Minderheiten verwirklicht. Mit professionell betriebener Mobilisierung des Volkszorns würden die notwendigen Unterschriften beigebracht, mächtigen Lobbys böten sich mannigfache Gelegenheiten zur Manipulation. Der Bürger agiere – gegen alle Grundsätze der Gewaltenteilung – als Gesetzgeber, als Haushälter und sogar als Verfassungsgeber in einem, häufig im Geiste organisierter Unverantwortlichkeit und auf Kosten wichtiger Gemeingüter wie der öffentlichen Schulen und Bildung. Die These der Kritiker ist, dass die kalifornische Demokratie an ökonomischer Performanz verloren habe, ohne an demokratischer Legitimität zu gewinnen. Sie denken darüber nach, die plebiszitären Instrumente nun gegen die Direktdemokratie selbst einzusetzen. Ähnliches tun übrigens auch Kläger in Hamburg, die, allerdings vor dem Verfassungsgericht der Hansestadt, den Volksentscheid zur Hamburger Schulpolitik vom Juni 2010, über den die schwarz-grüne Koalition an der Alster gescheitert war, nachträglich zu Fall bringen wollen. In ihren Augen waren zu viele Punkte gleichzeitig zur Abstimmung gestellt und vor allem in das parlamentarische Haushaltsrecht der Bürgerschaft eingegriffen worden. (SZ, 21.06.2011)

Die Gepflogenheiten der Schweizer Konkordanzdemokratie mit Allparteienregierung und Wettbewerbsföderalismus kann man der deutschen Parteiendemokratie im kooperativen Föderalismus nicht überstülpen. Von einer simplen Übertragung schweizerischer oder kalifornischer Praktiken auf die Bundesrepublik kann keine Rede sein, weil sehr viele höhere Quoren einem solchen Ausufern einen Riegel vorschieben würden und der hohe Wert der Repräsentation im Bewusstsein verankert ist. Verteidiger halten der repräsentativen Demokratie entscheidende Vorteile zugute (Linden 2009, 2010): dass (nur) in ihr gesellschaftliche Konflikte in einer egalitären Äquidistanz manifest würden; dass ihr eine Fähigkeit zur Mäßigung eigen sei, die bei Ja/Nein-Entscheidungen nicht gegeben sei; und dass mithin die Chance zu einer ausgewogenen Berücksichtigung aller Interessen bestehe. Vor allem könne man in der repräsentativen Ordnung ein bestimmtes politisches Handeln aber auch bestimmten politischen Akteuren zurechnen und sie dafür verantwortlich machen.

Auf der einen Seite loben Leitfiguren wie Heiner Geißler plebiszitäre Initiativen, auf der anderen Seite kommt aus Ländern, die diese intensiv praktizieren, geharnischte Kritik. Da ist eine nüchterne Abwägung von Gütern und Zielen angebracht: Auf welche Weise kann die Entscheidungsfindung besser und schneller werden? Können Interessengruppen, die Referenden andernorts stark beeinflussen, die Bevölkerung leichter überzeugen als Parteien? Welche Entscheidungsprozesse verlaufen transparenter? Misstrauischer formuliert: Werden Bürger bei Volksentscheiden häufiger betrogen als im Ausgang von Koalitionsverhandlungen? In welchem System können Fehlentscheidungen besser korrigiert werden?

Direktdemokratische Elemente können die repräsentative Demokratie stärken, wenn sie »von unten nach oben« wirken und echte politische Innovationen anstoßen. In der Politikforschung gibt es dazu noch keine eindeutige Meinung. Patzelt listet folgende Varianten auf:

a) Volksanträge zwingen die Volksvertreter, sich mit Problemen zu befassen, die sie nicht anpacken wollen.

b) Volksgesetzgebung geht (via Volksinitiative, Volksbegehren und Volksentscheid) ein Stück weiter, denn sie gibt der Legislative eine Richtung vor.

c) Post festum greift das fakultative Gesetzesreferendum ein, indem es beschlossene Gesetze korrigiert oder kassiert.

d) Noch einen Schritt weiter gehen obligatorische Referenden bei Verfassungsänderungen oder bei Agenden von besonderer Bedeutung.

Ein zusätzliches Instrument ist die durch Plebiszit veranlasste Parlamentsauflösung. Systemverträglich sind die Instrumente, wenn »sinnvolle Antrags-, Beteiligungs- und Zustimmungsquoren festgelegt werden.« (Patzelt 2011)

Patzelts Kollege Wolfgang Merkel sieht allerdings Nebenwirkungen und nicht erwünschte Effekte von Volksentscheiden (Merkel 2011):

a) Im Vergleich zu Wahlen bergen niedrigere Beteiligungsraten eine soziale Selektion in sich – es sind die unteren Schichten, die am ehesten fernbleiben. Nicht das Volk entscheidet, sondern das obere Drittel.

b) Hinzu kommt die Selbstausscheidung derjenigen, die sich für sachlich inkompetent halten.

c) Volksentscheide werden nicht vom Volk initiiert, sondern von ressourcenstarken und kampagnenfähigen Interessengruppen.

d) »Ergebniskonservatismus« favorisiert eher konservative, neoliberale und zum Teil rechtspopulistische Agenden und die Wahrung der Privilegien gutsituierter Bürger.

Der durchaus begrenzte Gewinn direktdemokratischer Instrumente ist zusammenfassend nicht, Repräsentanten aus ihrer Verantwortung zu entlassen bzw. ihnen das Leben durch populistische Querschüsse schwer zu machen. Plebiszite funktionieren schlecht, wenn man sie zu seltenen Anlässen in aufgeheizter Stimmung ansetzt, um einer gewählten Mehrheit zu schaden. Sie können aber sehr hilfreich sein, wenn parlamentarische und plebiszitäre Gesetzgebung Hand in Hand gehen und zur Normalität des politischen Alltags gehören. Wenn sie mit anderen Worten bürgerschaftliches Engagement fördern und kultivieren. Beispielhaft ist hier die Wahlrechtsreform im kanadischen Bundesstaat British Columbia. (Warren/Pearse 2008)

Zukunftskammern

Wie kann man »Zukunft«, diese schwer fassbare, oft bloß modisch-trendigen und kurzsichtigen Gegenwartsinteressen unterworfene Kategorie, im politischen Prozess nun besser zur Geltung bringen? Ein unter demokratietheoretischen wie verfassungspolitischen Gesichtspunkten aufzurollender Vorschlag ist, durch die Aufnahme von Zukunftsquoren die Repräsentation der Bürgerschaft zu modifizieren. Darunter kann man Instrumente zusammenfassen, die vermutete Interessenlagen künftiger Generationen (unterstellt: an mehr Nachhaltigkeit heutiger Politik) in konsultativen Gremien oder zusätzlichen Kammern im laufenden Entscheidungsprozess antizipieren und ihnen eine (virtuelle oder vikarische, also stellvertretende) Stimme geben sollen. Die in der politischen Philosophie und Publizistik schon länger thematisierte Idee berührt die Grundidee der Repräsentativität, die seit dem europäischen Mittelalter eine Kernfrage politisch-administrativer Ordnungen darstellt: Wie lässt sich in großen, arbeitsteiligen Gesellschaften und Massendemokratien (also jenseits einer zahlenmäßig und in ihrem Problemanfall überschaubaren Polis oder Stadtgemeinde) eine Gesamtheit von Personen (das Volk) gerecht und angemessen durch eine Versammlung vertreten, deren Mitglieder ernannt, ausgelost oder vorzugsweise in allgemeinen, gleichen und fairen Verfahren gewählt worden sind? Auch im heutigen Standardtypus repräsentativer Demokratien gibt es auf diese Frage eine große Variationsbreite von Antworten, die sich dem Ideal annähern, es aber nie erreichen – Repräsentation ist niemals perfekt. Verzerrungen liegen im fehlenden sozialstrukturellen Querschnitt der politischen Eliten, sie resultieren aus Wahlverfahren oder liegen in der fehlenden Balance zwischen der Autonomie der Volksvertreter, die das Mandat ihrer Wähler treuhänderisch wahrnehmen und frei auslegen dürfen, und der durch Wahl vorgenommenen Delegation des Volkswillens. Hinzu kommen Aspekte wie die Fraktionsdisziplin in parlamentarischen Kammern, durch häufige Wiederwahl entstandene »Erbhöfe der Macht« und dergleichen.

Von besonderer Bedeutung ist im Blick auf Zukunftsinteressen, was die feministische Politologin Jane Mansbridge »Surrogatrepräsentation« genannt hat, also die Vertretung von Wählerschaften, die weder räumlich noch zeitlich innerhalb der üblichen Wahlkreise von Repräsentanten angesiedelt sind. (Mansbridge 2003) Das sind beispielsweise Menschen, die nicht einem bestimmten Nationalstaat angehören, von dessen Tun und Lassen sie aber durchaus betroffen sind – ein Umstand, der mit wachsender ökonomischer Globalisierung an Bedeutung gewinnt. Oder es sind noch nicht wahlberechtigte oder noch nicht geborene Wähler, deren Lebensbedingungen durch aktuell getroffene (Nicht-)Entscheidungen erheblich beeinflusst sein werden. Zwei politische Experimente versuchen, hypothetische Zukünfte systematisch einzufangen. Geeigneter als die direkte oder indirekte Repräsentation von Kindern und Jugendlichen in Wahlverfahren sind nach unserer Auffassung Loskammern (»House of Lots«). Während das Kinderwahlrecht »Zukunftsinteressen« eher postuliert als sichert (Goerres/Tiemann 2009), könnten solche Loskammern, einem Plädoyer des Greifswalder Politologen Hubertus

Buchstein folgend, solche weit effektiver garantieren. (Buchstein 2009) Eine durch Losverfahren ermittelte Kammer ist eine per Zufall zusammengesetzte Institution mit originär politischen Aufgaben, die Anregungs-, Beratungs- und/oder Entscheidungskompetenzen übertragen bekommt. Bereits in der Antike praktiziert, wurde der Ansatz von dem führenden Demokratietheoretiker Robert A. Dahl wiederbelebt (Dahl 1989) und zuletzt vom WBGU 2011 aufgegriffen. Nach positiven Erfahrungen mit dem Lotteriesystem für US-amerikanische Geschworenengerichte schlug Dahl vor, ausgeloste und finanziell entschädigte *advisory councils* sollten wichtigen Ämtern in modernen Demokratien von den Bürgermeisterämtern großer Städte über den US-Kongress bis zum Weißen Haus beigeordnet werden. Diese Gremien sollten sich im Abstand von mehreren Wochen treffen, um mit den jeweils verantwortlichen Berufspolitikern die ihnen wichtigen Themen zu diskutieren und sie mit ihren Problemwahrnehmungen, Fragen und Ratschlägen zu konfrontieren.

Dahl hat diese Idee zu einem »Minipopulus« weiterentwickelt: Etwa 1000 Bürger eines Landes werden nach dem Zufallsverfahren per Computer ermittelt. Ihre Aufgabe ist es, über eine bestimmte Frage, für die sie vom Parlament (oder einer anderen zuständigen Institution) eingesetzt worden sind, innerhalb eines längeren Zeitraums zu beraten und Entscheidungsoptionen zu entwickeln. (Sintomer 2010) Die Mitglieder können sich von Angesicht zu Angesicht treffen, aber auch elektronisch miteinander kommunizieren. Denkbar ist ein Netzwerk mehrerer »Minipopuli«, die gleichzeitig zu verschiedenen Themen und auf unterschiedlichen staatlichen Ebenen deliberieren, sprich erörtern. Am Ende dieses Beratungsprozesses soll eine Politikempfehlung für die Legislative stehen.

Der Vorzug solcher Konsultativgremien für das politische System als Ganzes besteht für Buchstein idealerweise darin, dass sie Berufspolitiker mit aufgeklärten Bürgervoten konfrontieren. Damit ist die Hoffnung verbunden, das legitimatorische Band zwischen Bürgern und Berufspolitikern zu stärken und so der grassierenden Politik(er)verdrossenheit entgegenzuwirken. Wenn die bundesdeutschen Erfahrungen mit partizipativ und deliberativ ausgelegten Technologie-Assessments (Verfahren zur Bewertung technischer Risiko-Innovationen) aus den 1990er-Jahren nicht immer ermutigend ausgefallen sind, lässt sich dies in erster Linie genau darauf zurückführen, dass sie eben keine entscheidungs-, sondern ausschließlich empfehlungsorientierte Verfahren waren und die Adressaten – vorwiegend Behörden – die Empfehlungen nur zögerlich aufgegriffen haben. Offensichtlich entsteht unter den Mitgliedern deliberativer Körperschaften ein Motivationsproblem, wenn der Entscheidungsbezug der gesamten Veranstaltung gering bleibt oder nicht ohne Weiteres für die Teilnehmer zu erkennen ist (rühmliche Ausnahme: die dänischen Konsensuskonferenzen).

Angesichts dessen wäre es interessant, zu wissen, was geschieht, wenn ausgeloste Gremien auf Augenhöhe mit den anderen politischen Akteuren in den Machtkreislauf moderner Demokratien gebracht werden. Bisher fehlen praktische Erfahrungen mit per Los ermittelten Gremien, die ein verbindliches politisches Gewicht haben. Denn in einem wesentlichen Punkt unterscheiden sich all diese Beispiele aus der

Politik von den klassischen Geschworenengerichten aus der Justiz: Selbst dann, wenn sie von Parlamentsausschüssen oder anderen Instanzen eingefordert werden, gelangen sie zu keinem Votum, das einer Entscheidung mit verbindlichen Folgen gleichkäme. Sie geben lediglich Empfehlungen für gewählte Amts- und Mandatsträger ab und fungieren gleichsam als Methode, mit der politische Eliten den aufgeklärten Bürgerwillen zu erfahren suchen. Die bisherigen Projekte bewegen sich in einer Art Grauzone zwischen einem direkten Einwirken auf politische Entscheidungen und den indirekten Resonanzen, die über die Vermittlung der Öffentlichkeit in den politischen Prozess eingespeist werden. Buchstein hält deshalb eine klare Kompetenzzuschreibung im Rahmen des politischen Systems moderner Demokratien für notwendig; sonst würde die Einberufung zufallsgenerierter Räte zu einem Instrument, mit dem sich eine Regierung oder die Opposition je nach politischer Großwetterlage und Bedarf mit zusätzlicher Legitimation für ihre parlamentarische Politik versorgt. Notwendig sei ferner eine klare Definition der Konstitutionsbedingungen und des sektoralen Arbeitsbereiches von Losgremien, weil sich Beratungsmaterien ansonsten in so viele Fragenaspekte zerlegen lassen, bis sich parallel tagende Räte gegenseitig blockieren. Bei regional oder thematisch fokussierten Räten sei es erforderlich, den Kreis der Grundgesamtheit für die Zufallsauswahl zu definieren. (Buchstein 2009)

Die Einrichtung eines House of Lots ist eine mögliche institutionelle Antwort auf die Probleme der Politikformulierung im Bereich der Klimapolitik. Beratungen in einer Loskammer sind prinzipiell gut geeignet für Themen mit hoher intergenerativer Relevanz, da die bisherigen Forschungen nicht nur erhebliche Lerneffekte aufseiten der Teilnehmer attestieren, sondern auch einen gewissen Universalismuszwang der angeführten Argumente, da die zufällig zusammengelosten Akteure geringere Anreize haben, rein interessenorientiert zu argumentieren, als politische Akteure, die fest in politische Netzwerke eingebunden sind. Erste Erfahrungen zeigen, dass ausgeloste Bürger eine hohe Gemeinwohlorientierung aufweisen, was zwar nicht alle Probleme löst, aber doch einige Probleme vom Tisch nimmt.

Wird damit aber nicht das gute alte Prinzip der Gewaltenteilung ausgehöhlt? Nein, denn ein House of Lots muss streng getrennt bleiben von gewählten Körperschaften, da Akteure aus gewählten Institutionen anderen Handlungslogiken folgen als Mitglieder der Loskammer. Als Minderheit in einer Wahlkammer würden diese leicht in parteipolitische Zuordnungen und Zwänge geraten. Am Ende eines reformpolitischen Weges stünde der Einbau eines House of Lots in das bestehende institutionelle Arrangement mit einem klar zugewiesenen und verbindlichen Kompetenzprofil. Dies reicht von der obligatorischen Stellungnahme über eine Moratoriumskompetenz bis hin zu gewissen Vetofunktionen; je nach Ebene (Gemeinde, Land, Bund, EU, weltweit) müssten solche Zukunftskammern in Zukunft wohlüberlegt ausgestaltet werden. Experimentieren lernen müssen wir nicht nur im Blick auf klimaverträgliche Technologien und Finanzierungsinstrumente, sondern auch im Bereich der politischen Willensbildung und Entscheidungsfindung, wo Umwelt- und Technikkonflikte eine größere Bedeutung bekommen.

9. Das grüne Dilemma

Hotzenwald ist überall

Öko gegen Öko: Unter diesem Titel berichtete die tageszeitung im Juni 2011 aus dem Hochschwarzwald von einem »Lehrstück über ökologisch korrekten Protest gegen ökologisch korrekte Energie«. (taz, 15.06.2011) »Grün gegen Grün« hatte schon die ZEIT den Showdown betitelt (ZEIT, 16.09.2010), und an Konfliktorten wie diesen geht es nun tatsächlich darum, den berühmten Pudding an die Wand zu nageln, also das Ethos einer verantwortlichen Bürgerbeteiligung auszuloten und die Befähigung der Empörten zu nachhaltiger Politik unter Beweis zu stellen.

Der Hintergrund des lokalen Konflikts ist, dass die Energiewende den Ausbau der Netze erfordert und damit mehr Stromspeicher. Das ist kaum wirksamer und emissionsfreier zu besorgen als mit einem Pumpspeicherwerk, das wie ein riesiger Akku funktioniert: Bei Strommangel wird eine Staumauer geöffnet, das Wasser schießt hinab in einen tiefer gelegenen Stausee und treibt dabei Turbinen an, deren Generatoren Strom erzeugen; bei Stromüberschuss befördern Pumpen das Wasser zurück aus dem unteren ins obere Becken. Doch der Betreiber des Projekts, die Schluchseewerk AG, eine Tochter der in der Gegend nicht gerade beliebten RWE und EnBW, muss für die beiden Stauseen riesige Betonwannen bauen und 150 Hektar, einen beträchtlichen Teil des Hotzenwaldes, abholzen.

So kann man das grüne Dilemma beschreiben: Während der Rest der Republik sauberen Strom reklamiert, sehen über 1000 Einwendungen lokaler Bürgerinitiativen eine einzigartige Flora und Fauna bedroht, die Landschaft verschandelt und den ökologischen Tourismus gefährdet. Proteste, die sich bisher gegen Atomkraftwerke gerichtet haben, könnten sich nun gegen Großprojekte »sauberer« Energieproduktion wenden. Grüne Entscheidungsträger stehen also nicht nur in Stuttgart vor einer Quadratur des Kreises, wenn sie übergeordnete Interessen ihrer Wähler und Anhänger mit lokalen Bedenken ihrer Basis versöhnen sollen.

Und Hotzenwald ist überall. Die taz-Reporter sind auch nach Brandenburg ausgeschwärmt (taz, 04.01.2011), wo eine ähnliche Konstellation besteht und dieselbe Aporie droht: In den Wald bei Kallinchen südlich von Berlin will die Landesregierung 30 1835 Meter hohe Windräder stellen, und dieser Wald würde sich für das Wild wie für die Wanderer und Anlieger radikal verändern. Das wird allerdings auch durch die Klimaveränderung der Fall sein; um sie abzuwenden, hat Brandenburg beschlossen, die CO_2-Emissionen durch Energiegewinnung bis 2010 um 40 Prozent zu senken. Das geht nur mit Erneuerbaren Energien, im Klartext: unter anderem mithilfe von Windparks. Deren Gegner geben übrigens an, sauberen Strom von der Firma Lichtblick zu beziehen. Zwei Herzen in einer Brust?

Ergänzen könnte man die Geschichte durch analoge Konflikte am Standort von Erdwärme-Vorhaben, beispielsweise in Baden am Oberrheingraben und in Bayern am Starnberger See. Und wo die Betreiber von Kohlekraftwerken CO_2 in der Erde einlagern oder ins Meer transportieren wollen, um ihre Emissionen klimafreundlich zu verringern, schlägt ihnen geharnischter Protest entgegen.

Entstanden ist das Dilemma aus dem Großformat der Erzeugung und Verteilung von Energie. Dezentralere Lösungen wie das von den Firmen Volkswagen und Lichtblick entwickelte »Volkskraftwerk«, das in den Kellern von Privathäusern Platz findet, weisen den Weg zu technisch unaufwendigeren Lösungen. (taz und FAZ, 10.09.2009)

Aber der Konfliktstoff bleibt. Den gordischen Knoten durchschlagen kann man wohl einzig mit der Zivilisierung der frei flottierenden und ambivalenten Protestenergie und vor allem mit mehr demokratischer Teilhabe, die das lokale Wissen einbezieht und den Menschen vor Ort von vornherein eine aktive Rolle gibt. Die Zustimmung zu Windkraftanlagen steigt erfahrungsgemäß, wo sie Kooperativen und Genossenschaften gehören, bei denen Bürger an der Planung wie an den Gewinnen beteiligt sind – und nicht nur Baumaßnahmen zu ertragen haben wie in Braunkohlegebieten, wo immer noch ganze Dörfer dem Erdboden gleichgemacht werden, oder erst recht beim Abbau von Ölschiefer, der unbewohnbare Mondlandschaften hinterlässt.

Erste Bestandsaufnahmen grüner Proteste gegen grüne

Infrastrukturprojekte zeigen, dass hier in der Regel kein Widerstand grundsätzlicher Art stattfindet (wie im Fall der Kohle- und Atomenergie). Entweder folgen die Proteste dem Sankt-Florians-Prinzip oder es wird die konkrete Umsetzung bzw. die mangelnde Beteiligung kritisiert. Bei den Protesten gegen Stromtrassen zeigen sich die Bürgerinitiativen in der Regel kompromissbereit und unterbreiten Alternativvorschläge, die zumeist aber kostenintensiver für die Netzbetreiber sind (wie Erdkabel oder alternativer Trassenverlauf). Am vehementesten erscheint der Protest gegen den Ausbau der Windenergie in Brandenburg, der sich auch aus verschiedenen Quellen speist (von Klimaskeptikern bis hin zu Anwohnern, die sich beeinträchtigt fühlen oder einen Wertverlust ihrer Immobilie befürchten); gleichwohl lassen auch die konkreten Forderungen der Volksinitiative »Gegen Windräder« Kompromissbereitschaft erkennen. Im Gegensatz dazu werden die Proteste gegen den Bau eines neuen Kohlekraftwerkes in Datteln im nördlichen Ruhrgebiet oder gegen die Zwischenlagerung von Atommüll in Gorleben nicht nur von den lokalen Anwohnern getragen, sondern richten sich symbolisch gegen die jeweiligen Energieträger als solche.

Die höhere Zustimmung zu Bio-, Solar- und Windenergie beruht nicht allein auf ihrem sauberen Image, sie impliziert auch weniger zentralistische Sozialstrukturen, Unternehmensformen, Arbeits- und Lebensweisen, die der britische Ökonom E. F. Schumacher 1973 mit dem Slogan *small is beautiful* umschrieben hat. Wer für eine einschneidende Klimapolitik Zustimmung sucht, sollte also nicht allein Vermeidungs- und Minderungsziele in den Raum stellen (wie

»Atomkraft – nein danke« und »Null Treibhausgase«), sondern die höhere Lebensqualität einer auf Erneuerbaren Energien beruhenden Sozialform in konkreten Geschichten plausibel machen. Im Einklang mit dem milieuübergreifenden Wertewandel weltweit kann man Ziele guten Lebens erörtern, die das erforderliche »Weniger« (an Strom- und Kalorienverbrauch, Flugmeilen, Jahreskilometern, Raumtemperatur etc.) als ein »Mehr« (an Lebensqualität und Lebenszufriedenheit) plausibel machen.

Das Hotzenwald-Dilemma ist damit nicht gelöst. Angedeutet ist nur die Richtung einer Güterabwägung, die Angehörige einer gegen »grüne Projekte« gerichteten Protestbewegung vornehmen müssen. Allein sie zum Richter über Infrastrukturentscheidungen zu machen, die im Sinne des (angenommenen) Gemeinwohls und in ökologischer Gesamtverantwortung zu treffen sind, wäre eindeutig zu kurz gegriffen – eine neue Schicht lokaler Vetospieler könnte jede Art der Energiewende konterkarieren und dabei auch noch moralisch höherwertige Güter wie den Umweltschutz in Anspruch nehmen. Auf der anderen Seite kann man über lokale Interessen im Sinne »übergeordneter« Interessen nicht einfach hinweggehen – der Effekt wäre eine grüne Tyrannei der Mehrheit, die von der alternativen Infrastruktur andernorts nur Vorteile hätte, aber nichts anderes dafür einsetzen müsste als gute Worte. Lässt sich der schwierige Aushandlungsprozess in eine adäquate, nah wie fern akzeptierte Größenordnung einpassen, etwa ein Regionalparlament? An welcher Stelle können die vorgeschlagenen Zukunftskammern nützlich sein? Welche Anreize materieller Art (monetäre Entschädigung) wie ideeller Natur (soziale Anerkennung) kann man den Verlierern der Energiewende anbieten? Wie soll man die auf den ersten Blick völlig konträren Forderungen nach Beschleunigung der Planungsverfahren und der breiteren und frühzeitigen Bürgerbeteiligung an ihnen unter einen Hut bringen? Wie kann die demokratische Tugend der Langsamkeit mit dem Zeitdruck vermittelt werden, den vor allem der Klimawandel mit sich bringt?

Auf diese Fragen haben wir bisher nur versuchsweise Antworten. Umweltrecht und Umweltpolitik haben Verantwortung parzelliert, es fehlt der Blick fürs Ganze. (Lange 1997) Auch die Energieforschung hat bisher nur die technische und wirtschaftliche Dimension in den Blick genommen; künftig muss sie auch das politische Experimentierfeld alternativer Energieerzeugung einbeziehen, darunter intensivere Bürgerbeteiligung (ein Überblick bei www.participedia.net).

Deliberative Demokratie in Deutschland und Europa

Instrumente der Bürgerbeteiligung gibt es zuhauf, ein Bekenntnis dazu ist derzeit von so gut wie jedem Politiker zu bekommen. Die offene Frage ist, ob sich diese Latenz demokratischer Partizipation, in Dutzenden von Pilotprojekten ausgebreitet, jetzt aktualisieren lässt und Bürgerbeteiligung tägliche Routine werden kann. In Deutschland und Europa stehen dem erhebliche Hindernisse im Wege, wie eine vergleichende Studie des European Institute for Public Participation (EIPP) unterstreicht, deren Ergebnisse ich kurz zusammenfassen möchte. (EIPP 2009)

Wirksame Bürgerbeteiligung setzt nicht, wie in Stuttgart, am Ende eines Entscheidungsprozesses an, sie ist eine öffentliche Erörterung zwischen interessierten bzw. betroffenen Bürgern, Regierungsvertretern und Nichtregierungsorganisationen im Vorfeld einer politisch-administrativen Entscheidung. Deliberation bedeutet, dass die Beteiligten die Verschiedenheit ihrer Interessen wechselseitig anerkennen, dass Argumente ausgetauscht werden und Lernprozesse stattfinden können und damit eine kollaborative Problemlösung in Gang kommt. Ein solcher Prozess ist sehr voraussetzungsvoll, nicht zuletzt im Blick auf die schmale Schar der Aktivbürger, die sich am Ende die Zeit genommen haben, und er birgt zahlreiche Lasten und Risiken: Er ist zeitaufwendig und teuer, zu hohe Komplexität der Materie und ein Mangel an Repräsentativität des Teilnehmerkreises können den Prozess platzen lassen, der Einbau seiner Ergebnisse in die Verfahren der repräsentativen Demokratie und der Gerichtsbarkeit ist kompliziert.

Die Vergleichsstudie kommt bei der näheren Betrachtung von drei Ländern (Deutschland, Großbritannien, Italien) zu einem recht gemischten Bild, das die Bedeutung der jeweiligen politischen Kultur in der Politik- und Verfassungstradition spiegelt.

Deutschland zeichnet sich durch ein relativ verbreitetes bürgerschaftliches Engagement aus, das zu geringen Teilen auf der Bundesebene angesiedelt ist und eher sozialen als politischen Agenden gewidmet ist, wofür die föderalistische

Struktur und das ausgeprägte Sozialstaatsbewusstsein der Deutschen verantwortlich sind. Fest eingeplant sind Bürgerbeteiligungen nur im öffentlichen Bauwesen, bislang in geringerem Umfang bei energie- und umweltpolitischen Entscheidungen. Dabei arbeiten die Ressorts meist unverbunden vor sich hin, Doppelarbeit und Zuständigkeitsstreit sind die Folge. Auf der lokalen und regionalen Ebene sind in letzter Zeit mehr Experimente eingeleitet worden, aber auch dort fehlt bislang ein gesetzlicher und verfassungsmäßiger Rahmen für politische Beteiligung »von unten« und ihre effektive Anbindung an politisch-administrative Prozesse. Deutsche Verwaltungsbeamte hängen nach wie vor gerne der Vorstellung an, sie hätten das überlegene Wissen und eine Verpflichtung, etwas für die und im besten Sinne der Bevölkerung zu tun, aber nicht unbedingt mit ihr. Umgekehrt haben die Bürger wenig Vertrauen in Verwaltungseinrichtungen und sind schwach miteinander vernetzt. Dafür gibt es eine aufmerksame lokale und überregionale Berichterstattung über Bürgerinitiativen. Das Wissen (und damit die Forschung) über Bürgerbeteiligung in Deutschland ist gering.

Deutschland steht aber gut da im Vergleich zu den beiden anderen Ländern. In Italien fehlt dank einer unziemlich rigiden Abschottung der Eliten die Anerkennung für bürgerschaftliches Engagement, die politische Kaste sieht darin eher eine Bedrohung für ihre Privilegien. In den Verwaltungen fehlen Kapazität und Kompetenz, Ressourcen und Strategien für die Aufnahme lokaler Initiativen, auch die Medien ignorieren sie weitgehend. Es besteht ein breiter Graben zwischen der offensichtlichen Inkompetenz der Behörden, selbst basale

Daseinsvorsorge zu gewährleisten (etwa die Müllbeseitigung im Süden des Landes), und dem eher von anarchistischem Aufruhr und Spott charakterisierten Protest, den etwa der bekannte Satiriker Beppe Grillo wirksam in Kampagnen überführt hat. Zugleich wird Italien immer noch genau wegen dieses notorischen Staatsversagens ein hohes Sozialkapital in informellen Netzwerken der Zivilgesellschaft zugeschrieben.

Besser ist die Lage in Großbritannien, sofern die alten Strukturen der lokalen Gemeindenetzwerke nicht in den letzten Jahren der rabiaten Ökonomisierung zum Opfer gefallen und zu Tode gespart worden sind. Auch dort konzentrieren sich die Initiativen eher auf die Selbst- oder Koorganisation von Schulen, Gesundheitsdiensten und dergleichen, auch im Vereinigten Königreich ist der Civil Service politischen Beteiligungswünschen gegenüber wenig aufgeschlossen.

Überall gibt es Pionierprojekte, aber wenig Routine. An vielen Stellen floriert das bürgerschaftliche Engagement, auch gibt es fast überall Beteiligungsinstrumente, die von der Realisierung der Informationsfreiheit bis zur anspruchsvollen Mitwirkung etwa bei Bürgerhaushalten reichen und auf der lokalen Ebene auch zahlreiche Varianten von Bürgerbegehren und Bürgerentscheiden vorsehen. Das bedeutet: Niemand kann behaupten, er oder sie wolle sich beteiligen, finde aber nicht die richtigen Instrumente. Das Problem ist eher, dass dieses Engagement sich häufig als Notbehelf in Situationen erweist, in denen der Staat seinen Aufgaben nicht mehr hinreichend nachkommt, also die legislativen und administrativen Erfordernisse einer grundlegenden Reform und Erneuerung des Wohlfahrtsstaates resp. des Umweltschutzes gar nicht erreicht werden. Verwaltungen und Bürgerschaft stehen sich dadurch häufig nach Sektoren und Problemfällen zersplittert gegenüber, es gibt noch keine echte Beteiligungskultur, die Mitwirkung an den öffentlichen Angelegenheiten zur selbstverständlichen Übung macht. Deswegen setzt die Politisierung oft erst ein, salopp gesprochen, wenn das Kind bereits im Brunnen liegt und über den jeweiligen Konflikt eine mediale Staffage gelegt wird, die Konfliktbeteiligte eher für die Galerie sprechen lässt, nicht mehr zur Sache.

Bürgerbeteiligung ist ihrer Natur nach nicht *cura posterior* (Nachsorge), sie soll vielmehr vorausschauend und vorbereitend in wichtige Infrastrukturentscheidungen eingreifen, solange diese offen und diskutabel, Kooperationen und kollaborative Lösungen also noch möglich sind. In Betracht kommen auch nationale und europäische Deliberationen über grundsätzliche Weichenstellungen größeren Stils in verschiedenen Politikfeldern, bei denen man digitale Plattformen zu Hilfe nehmen muss, genau wie bewährte lokale Formate. Nachdem in den 1970er-Jahren in der Euphorie über das Aufblühen von Graswurzelbewegungen und Bürgerinitiativen alle möglichen Beteiligungsmodelle von der Planungszelle bis zum Bürgerhaushalt erfunden und erprobt worden sind, muss man auf diesem Gebiet das Rad nicht neu erfinden. (Nanz/Fritsche 2011, Roth 2011) Zu oft sind die Initiativen schlicht an einem Mangel an Ressourcen, Moderation und Nachhaltigkeit gescheitert und sang- und klanglos ausgelaufen. Es mangelt an Bewertungen, am Transfer guter Beispiele, an einem echten kollektiven Lernprozess. Fünf Kernfragen stellen sich jeweils, wenn Bürgerbeteiligungen eingeleitet werden:

a) Warum sollen Bürger beteiligt werden – um für Akzeptanz zu sorgen oder um effektive Mitwirkung und Mitentscheidung auf den Weg zu bringen?

b) Wann startet sie – nach Abschluss von Bauplanungen oder im Vorfeld?

c) Wer ist Herr des Verfahrens – eine Verwaltungsabteilung oder ein überparteiliches und unparteiisches Gremium?

d) Wen adressiert Bürgerbeteiligung – nur die interessierten Stakeholder oder zufällig ausgewählte Laien?

e) Wie wird Bürgerbeteiligung organisiert – punktuell oder in einem längeren Lernprozess?

Mindestens drei große Desiderate bleiben: erstens die bessere Verbindung lokaler Initiativen, die hohe Betroffenheit und Detailexpertise aufweisen, bisweilen aber ihren Kirchturmhorizont nicht übersteigen, mit überregionalen Beratungen, die eine höhere strategische Reichweite besitzen, dafür aber die Einbettung in alltagsweltliche Kontexte oft vermissen lassen. Zweitens ist es unbedingt erforderlich, deliberative Gremien effektiv mit den Entscheidungsprozessen in Exekutive und Legislative zu verkoppeln, also den Eindruck folgenlosen Redens und Fabulierens zu vermeiden, ohne dass daraus ein imperatives Mandat wird. Drittens muss man die Balance finden zwischen dem liebenswürdigen (oft aber betriebsblinden) Amateurismus der Bewegungen und der unverzichtbaren (wenn auch bisweilen ebenso einäugigen) Expertise der professionellen Gremien. Im Bereich der Forschung und Politikberatung führt das zu der Konsequenz, in relevanten Politikfeldern wie der nachhaltigen Energieversorgung über Europa hinweg regionale Laboratorien aufzubauen, in denen Bürgerinitiativen, Verwaltungsstäbe und Begleitforscher miteinander arbeiten. Auch die Medien muss man anders als bisher einbeziehen.

Facebook-Demokratie?

Das Internet, dass alle »alten« Medien in sich aufgenommen hat, macht das Nachrichtengewerbe partizipativer, parteilicher und partikularer als die herkömmlichen gedruckten und elektronischen Massenmedien. Es stellt nicht so sehr die Tagesschau »ins Netz«, wie die Zeitungsverleger klagen, sondern kehrt zur Konversationskultur vor dem Fernsehen zurück, zum Stammtisch, wo Klatsch und Tratsch vorherrschen und nebenbei politische Intrigen und Geschäfte abgewickelt werden. Das Meinungsmonopol einzelner Medienmogule und Lokalzeitungsverleger ist damit gebrochen, und das ist gut so. Die Kehrseite ist aber: Andere Medienmogule regieren das Internet, und die sich von Webseite zu Webseite fortwälzende, meist völlig anonym bleibende Gerüchtekultur entzieht dem Ethos der Rechtfertigung, das Journalisten im Großen und Ganzen befolgt haben, bis in die klassischen Nachrichtenmedien hinein die Grundlage. Es ist offen, ob Netiquette und »öffentlich-rechtliche« Selbstkontrolle diesen Verlust an Qualität und Verantwortung ausgleichen werden. Oder ob eine hemmungslos parteiliche und ideologische Medieninszenierung, wie bei den nur noch rechtsradikal zu nennenden Fox News, Mainstream werden und in der Ausbildung und

Tätigkeit von Journalisten und im Alltagsgeschäft der »User« Standards setzen. »Das Kaffeehaus ist zurück. Genießen Sie es«, dieser masochistischen Freude des Economist möchte ich mich ungern anschließen. (Economist 2011b)

Das Internet bleibt aber ein wichtiges Element der Bürgerbeteiligung im weitesten Sinne. (Leggewie / Bieber 2003) Es kann gar nicht bestritten werden, dass Proteste wie in Kairo, Beijing und Teheran, aber auch in Stuttgart und am Hotzenwald durch virtuelle Gemeinschaften wie Facebook und Twitter, durch eine schnelle Verabredungen und Treffen erlaubende Mobiltelefonie, durch das Wissensrepertoire World Wide Web und YouTube sowie diverse Angebote des Google-Imperiums beschleunigt und erheblich verändert worden sind. Im individualisierten Massenmedium werden abweichende Stimmen und unterbliebene Nachrichten hörbar, jeder hat die Chance, *breaking news* zu publizieren und Gegenexpertisen einzuspeisen. Ebenso unbestreitbar ist, dass auch Medien wie diese Medien bleiben – sie vermitteln etwas, das außerhalb ihrer selbst geschieht, sind also nicht selbst Protest, Politik oder Rebellion, wie es die Rede von der Facebook-Revolution suggeriert, sondern deren Hilfsmittel und mediale Verstärkung. Und zu bestreiten ist die Unschuld dieser Medien; ihre unkritische Bedienung und Mystifizierung verdeckt, dass man es hier mit Machtballungen zu tun hat, die nicht nur Autokraten herausfordern, sondern als transnationale Netzwerke und Konzerne weit mehr Gewicht und Einfluss haben können als altmodische Staatsapparate. Sie wirken wie deren basisdemokratische Herausforderung, sind darüber hinaus aber selbst völlig unkontrollierte und Freiheiten ganz selbstverständlich einschränkende Machtapparate, die ihre politischen Interessen verfolgen. Als Teil einer Facebook-Revolution würde ich mir jedenfalls mehr Gedanken darüber machen, wie man gegen Facebook Inc., Mobilfunkanbieter und Google selbst Revolution macht. Die Nutzer sind nämlich nicht nur Adressaten einer gewaltigen Kommerzmaschine, sie sind auch Objekte einer Art globalen Rasterfahndung.

Massenmedien sind darüber hinaus wahre Emotionsküchen. Ihre Macher produzieren Efferveszenz, sie schüren Wut, inszenieren Freude, kanalisieren Trauer, wecken Ressentiments, verschaffen Charisma, hetzen gegen Minderheiten, verschaffen ignorierten Personen und Gruppen durch ihre Recherchen Genugtuung und repräsentieren jede nur denkbare Gefühlslage. Damit halten sie den politischen Betrieb, dem sie sich als vierte, kontrollierende Gewalt entgegenstellen, oft aber auch durch die Inkorporation in die *classa politica* selbst angehören, auf Trab.

Wie gut und bürgerfreundlich, dass die *arcana imperii*, die Machenschaften hinter den Kulissen und unerhörte Orgien des Machtmissbrauchs, aufgedeckt werden! Hier können Medien, wie einst Émile Zola mit seinem Zeitungsartikel »J'accuse!«, die Anklägerrolle des Intellektuellen ins elektronische Format übersetzen. Aber wie schlecht und demokratieschädlich ist es andererseits, wenn sie die Politik(er) (besonders krass im Fall der Murdoch- und Fox-Medien im angloamerikanischen Raum) regelrecht in Geiselhaft nehmen und erpressen, wenn sie sich zum oftmals einzigen Referenzrahmen politischen Handelns erheben, wenn sie Politik auf ein idiotisches Unterhaltungsniveau reduzieren, wie Berlusconis Medienkonzern oder ansatzweise die zur Desinformation neigenden deutschen Privatsender und natürlich die BILD und BamS. Mediengewalt hat sich hier längst über den Rechtsstaat erhoben, und Medienkampagnen wie die von Thilo Sarrazin entfachte können mehr zerstören als populistische Parteien.

Auch die zuletzt ins Zentrum gerückten sozialen Medien bilden diese Ambiguität getreu ab. Einerseits schaffen sie in einem bisher unbekannten Maße Transparenz, vor der kein Autokrat und auch kein Strippenzieher in demokratischen Gesellschaften mehr sicher sein kann. Sie überführen Lügner im Amt der Lüge, sie enthüllen politische Verbrechen und Völkermord, sie töten die Arroganz der Macht, indem sie Machthaber der Lächerlichkeit preisgeben. Auf der anderen Seite können sie dem Politischen die Grundlage rauben, indem sie eine Tyrannei der Intimität einrichten und die konstitutive Grenze zwischen privater und öffentlicher Sphäre erschüttern. Auf der einen Seite verhelfen sie den Ohnmächtigen zu einer Stimme und Spur, da die Türsteher der veröffentlichten Meinung leicht zu umgehen sind, auf der anderen Seite denunziert ihr programmatischer Exhibitionismus jede Diskretion und jedes Geheimnis zum altmodischen Klimbim. Zugleich akkumulieren die einstigen, von mehr oder weniger liebenswerten Spontis betriebenen Garagenfirmen, die diesen Unterhaltungszirkus am Laufen halten, unterdessen eine wissensgestützte Kapitalmacht, die das bisher zu Recht mit größerem Misstrauen betrachtete Informationsmonopol der Staaten weit in den Schatten stellt.

Vor diesem Hintergrund wirken netzgestützte Beteiligungsinitiativen von Bürgern an der lokalen und überregionalen

Klimaschutzpolitik bescheiden, aber sie sind ausbaufähig. (Aichholzer/Strauß 2010) Dies gilt vor allem auch für die europäische Ebene, auf der sich eine supra- und transnationale Öffentlichkeit nur mühsam herausbildet. (Kies/Nanz 2011; Koopmans/Statham 2010; Archon u. a. 2009) Nach 60 Jahren Integration adressieren sich Bürgerinnen und Bürger immer noch überwiegend an ihre nationalen Vertreter, selbst wo sie »Brüssel« anklagen, bleiben Aufmerksamkeiten und Informationsmärkte national oder lokal ausgerichtet, bilden unsere Erinnerungen noch keine selbstverständliche politische Europa-Identität. Der Lissabon-Vertrag, den die wenigsten Europäer gelesen haben dürften, definiert die Europäische Union nicht nur als Wirtschaftsunion, sondern auch als partizipative Demokratie, deren Bürger subjektive Grundrechte besitzen und in Anspruch nehmen können. (Fung u. a. 2009) So ungelegen und antizyklisch die Griechenland-Debatte erscheinen mag, sie hat in Erinnerung gerufen, wie sehr die europäische Gesellschaft zusammengewachsen ist und wie stark die Fähigkeit der Europäischen Union ist, Krisen zu lösen.

10. Europa, ja Europa

Ein neues Generationsprojekt

Die »Idee Europa« und die Europäische Union stünden vor ihrer schwersten Bewährungsprobe seit 1945, lautet der pessimistische Tenor vieler Kommentare zur Euro-Krise und zur unpopulären Sanierung der Staatshaushalte. Vertreter der Generation, die den Zweiten Weltkrieg erlebt haben, rufen warnend die Erfahrung der europäischen Selbstzerstörung und Teilung im 20. Jahrhundert auf. Europa sei die einzige Versicherung gegen Krieg und Armut, der Garant wirtschaftlichen Wohlstands. Den Jüngeren, die Europa als pure Selbstverständlichkeit erleben, rufen sie zu, sich mehr für die europäische Zukunft einzusetzen. Sonst, wird wie eine Drohung nachgeschoben, sei es bald vorbei mit der Freizügigkeit beim Reisen, Studieren und Arbeiten.

In der Tat sind die Errungenschaften der europäischen Einigung schwer bedroht. Niemand demonstriert für die Europäische Union, die unter schweren Beschuss »der Märkte«, also des Finanzkapitals, geraten ist. Stattdessen häufen sich die Mäkeleien am »Monster Brüssel« und gewinnen speziell unter jungen Männern rechtspopulistische Europa-Skeptiker und -Gegner an Boden. Jenseits ihrer Grenzen ist die EU weiterhin höchst attraktiv, für die geschundene Bürgeropposition in der Ukraine und Weißrussland ebenso wie für die nordafrikanische Demokratiebewegung. Aber wo sich im Inneren Empörung artikuliert, vom Athener Syntagma-Platz bis zur Puerta del Sol in Madrid, gilt die EU als gnadenlose Exekutorin einer ungerechten Sparpolitik, die die Zukunftsperspektiven gerade der Jüngeren verdunkelt.

Historische Reminiszenzen helfen da so wenig wie moralische Appelle. Gefragt ist ein frisches Projekt, das jüngere Europäer wieder oder erstmals für die »Vereinigten Staaten von Europa« motiviert und mobilisiert. In Meinungsumfragen deklarieren sich die U30 überwiegend als Kosmopoliten und Anwälte globaler Gerechtigkeit, als Verfechter ökologischer Nachhaltigkeit und bürgerschaftlichen Engagements vor Ort. Für Europa als Zukunftsprojekt ist da zunächst wenig Platz. Es mag sein, dass auch das, was ich vorschlagen möchte, nur die Kopfgeburt eines alternden Pro-Europäers ist. Aber warum führt man nicht die drei Dinge zusammen, die junge Erwachsene in Europa derzeit am meisten interessieren: eine Grundsympathie für den demokratischen Aufbruch im Mittelmeerraum, eine starke Bereitschaft zu mehr Umwelt- und Klimaschutz und die Gelegenheit, die eine Energiewende bietet? Könnte ein Projekt, das im tatsächlichen wie metaphorischen Sinne neue Energien für die Länder nördlich und südlich des Mittelmeers bringt, nicht das Vakuum füllen?

Wohl kaum, wenn Energiekooperation als gigantisches Ingenieurprojekt daherkommt und vornehmlich Interessen großer Energie- und Versicherungskonzerne dient, wie beim milliardenschweren Desertec-Projekt der Einspeisung von Wüstenstrom in das europäische Netz. Politische Energie setzen ökonomisch-technische Vorhaben frei, wenn sie, wie die Europäische Gemeinschaft für Kohle und Stahl und Euratom in den 1950er-Jahren, Teil eben jenes friedens- und entwicklungspolitischen Projekts werden, das die Älteren beschwören: einer Wirtschaftsgemeinschaft, die in ihrem Kern der Verhinderung von Kriegen, der Aussöhnung ehemaliger Erbfeinde und dem sozialen Aufstieg vieler dient.

Die Montanunion kann man natürlich nicht reinszenieren, Euratom erst recht nicht, zumal beide klima- und umweltpolitisch verhängnisvoll waren. Denkbar ist jedoch eine europäische Industrie- und Sozialpolitik auf der Basis Erneuerbarer Energien, die im Inneren wie an Europas Peripherie unternehmerische Fantasie mobilisiert und die Geschäftsgrundlage für ein zeitgemäßes und selbst gewähltes Generationsprojekt bietet. Das wäre eine echte Mittelmeerunion mit Ausstrahlung. Wenn in Nordafrika neue industrielle Zentren entstehen, bietet dies auch den Nachbarn südlich der Sahara Entwicklungschancen; aus der energiepolitischen Einbahnstraße Richtung Norden würde dann ein entwicklungspolitischer Transfer nach Süden zu beiderseitigem Nutzen.

Dieses Projekt wäre die passende Antwort auf Klimawandel, Peak Oil und die nukleare Katastrophe in Japan, die unterstrichen hat, dass die friedliche Nutzung der Atomenergie weder als alternative noch als Brückentechnologie geeignet ist. Notwendig ist der konsequente Umstieg in Erneuerbare Energien und weltweite Kooperation.

Eine andere Energieaußenpolitik gegenüber den Staaten des Mittleren Ostens und Nordafrikas und deren Anbindung an das europäische Energienetz sind auch die beste Unterstützung für die Demokratisierung dieser Region und die Herausbildung einer Unternehmerschicht, die nicht nur an Renteneinkommen aus Rohstoffexporten interessiert ist.

Zwischen Ölexport und orientalischer Despotie bestand ein enger, fataler Zusammenhang, aber nun sind die Petrodollar-Regime stofflich wie politisch durch die sogenannte Arabellion am Ende. Und der Aufstand ist jung: Im Maghreb wie im Maschrek sind rund zwei Drittel der Bevölkerung unter 30 Jahre alt. Vom Brotaufstand in Algerien 1988 bis zur iranischen Demokratiebewegung 2009 hat sich gezeigt, dass die junge Generation und hier gerade junge Frauen Demokratie ohne Wenn und Aber wollen. Internet und soziale Medien haben ihnen Kommunikationsmöglichkeiten verschafft, mit denen die Türhüter der staatlich zensierten und kontrollierten TV-Sender und Zeitungen zu umgehen sind. Alte Befreiungsideologien wie Nationalismus, Panarabismus und Sozialismus sind bei den Jungen gründlich diskreditiert; sie reklamieren auch keinen politisierten Islam, sondern Rechtsstaatlichkeit und *good governance* (gute Regierungspraxis).

Sicher: Der arabische Frühling, der vom tunesischen Hinterland in die arabischen Zentren gewandert ist, geht zur Neige, die Aussichten der Demokratiebewegung sind getrübt. Religiöse Differenzen zwischen Schiiten resp. Aleviten und Sunniten sowie zwischen Muslimen und Christen und stammesförmige Gegensätze können sich verschärfen. Die arabische Revolution war im Kern säkular und islamistische Gruppen haben sich bisher auch eher moderat angeschlossen; gleichwohl können sowohl radikal-islamistische wie terroristische Minderheiten in die postrevolutionäre Verunsicherung hineinagieren und Instabilität säen. Ebenso gut können Tunesien und Ägypten aber Vorreiter einer autonomen Demokratisierung, Marokko und Jordanien Modelle eines geordneten Übergangs und selbst Libyen und Syrien durch militärische Interventionen von außen befreit werden. Viele Beobachter vergleichen die irreversible Volksbewegung mit der revolutionären Welle von 1848 in Europa; sie wird dabei spezifisch arabische Züge behalten, darunter eine weniger konsequente Säkularisierung. Die spannende Frage ist, ob die Demokratisierung auch die Lage der Frauen und Homosexuellen, der religiösen Minderheiten und Agnostiker verbessert und ob es genügend Anreiz und Druck für die Islamisten gibt, nach den Regeln der Demokratie zu spielen.

Die Menschen, die auf die Straße gegangen sind, wollen vor allem eines: besser und würdiger leben. Zunächst haben sie aber Unsicherheit und Massenarbeitslosigkeit erfahren. Deshalb benötigen die Übergangsgesellschaften wirtschaftliche Erfolge, sprich: Investitionen, Forschungskooperationen und Entwicklungszusammenarbeit. Europa täte gut daran, die demokratische Entwicklung an seiner Peripherie endlich zur eigenen Sache zu erklären und dortige Pioniere des Wandels tatkräftiger zu unterstützen. Dass sich die deutsche Außenpolitik in der Region einzig mit einer Enthaltung im UN-Sicherheitsrat zur Militär-Intervention in Libyen und danach noch mit verfassungsrechtlich und moralisch problematischen Rüstungsexporten nach Saudi-Arabien hervorgetan hat, war ein unbegreiflicher Fehler. Chancen vertun wir übrigens auch auf dem Balkan, wo alle Teilrepubliken des ehemaligen Jugoslawien EU-Mitglied werden wollen, Europa also die politische Ebene bildet, auf der die ethnisch und religiös verfeindeten Staaten wieder ökonomisch und kulturell zusammenfinden könnten.

Aber begeben wir uns, wenn Gaddafi nicht mehr unser Freund ist, nicht in die Abhängigkeit von unberechenbaren demokratischen Regimen, wo dann irgendwann erpresserische Islamisten den Solarstrom abstellen? Nun, Putin und Gazprom zeigen uns dieses Folterwerkzeug bereits jetzt in jedem Winter, und das beeindruckt uns auch nicht. Echte Energiekooperation auf Augenhöhe wird die arabischen Regierungen von den Vorzügen und Pflichten überzeugen, die aus einer wechselseitigen Abhängigkeit resultieren. Demokratien sind allemal verlässlicher und berechenbarer als Diktaturen.

Man sieht: Klimaschutz und Energiewende sind weit mehr als technische Reparatur und Aufrüstung, sie bringen neue wirtschaftliche und soziale Ordnungsmuster in den Nationalstaaten hervor und eröffnen Handlungsfelder für eine globale Kooperation. In diesem umfassenden Sinne kann Klimaschutz die Friedenspolitik des postideologischen Zeitalters werden – eine drohende Naturgefahr versetzt die Menschheit in Verhältnisse wechselseitigen Nutzens und globaler Solidarität.

Nur auf den ersten Blick scheint das utopisch. In Sachen Klimawandel, sofern er überhaupt ernst genommen wird, hat man bisher vornehmlich Konflikte gesehen, und das Abschmelzen der Polkappen regt bei den Anrainern den Hunger auf die Bodenschätze in der Arktisregion an; Streitigkeiten um die Aufteilung des Kuchens, die Kontrolle eisfreier Seewege und den Schutz der Naturreservate und indigenen Bevölkerung zeichnen sich bereits ab. Scheinen am Nordpol wenigstens noch ökonomische Vorteile zu winken, wird die dramatische Verknappung von Wasser und fruchtbarem Boden, die andernorts als Folge von Klimawandel zu erwarten ist, inner- und zwischenstaatliche Konflikte anheizen und per Migrationsdruck auch direkt weniger betroffene Weltgegenden berühren. Das Szenario künftiger Klimakriege beschäftigt die internationale Sicherheitspolitik und zu Recht auch Bundeswehr und Auswärtiges Amt.

Dem Klima*frieden* im Wege steht zunächst die Inkongruenz von Naturräumen und Grenzziehungen in der alten Staatenordnung. Flüsse und Bergketten wurden oft als »natürliche« Grenzverläufe missbraucht, Seen und Meeresbuchten politisch geteilt, zum Schaden des Umweltschutzes in Grenzregionen. Dorthin wurden emissionslastige Industrieanlagen und Kraftwerke verlegt, um unter Ausnutzung überwiegender Windrichtungen eventuelle Schäden zu exportieren. Ökosysteme kennen aber kein Ausland, ihre Bedrohung hat die Welt zum Dorf gemacht und, genau wie Finanzmärkte, transnationale Unternehmen und Ferntouristen, die *eine* Weltgesellschaft real werden lassen.

Staaten gehen angesichts dieser geotopologischen Revolution in die Defensive, was die Tragödie der Allmende, das Herunterwirtschaften globaler Kollektivgüter, nur verschärft. *Alle* werden durch den Meeresspiegelanstieg verlieren, wenn in der Atmosphäre zu viel CO_2 deponiert wird, *keiner* gewinnt, wenn die letzten Regenwälder abgeholzt sind. Das bislang rudimentär ausgebildete Weltumweltrecht darf nicht länger die Interessen von Staaten ins Zentrum rücken und diese zwischen Regierungen aushandeln, es muss endlich die Schutz- und Entwicklungsinteressen der Menschheit auf die Tagesordnung setzen und Sanktions- und Kontrollmöglichkeiten schärfen.

Das Kooperationsparadox besteht darin, dass in der Ära des Kalten Krieges politisch, ideologisch und militärisch tief verfeindete Staaten unter dem Damoklesschwert der atomaren Selbstvernichtung zur Zusammenarbeit bereit waren, während sie heute, angesichts einer gemeinsam erkannten Gefahr, die Mittel zur echten Zusammenarbeit noch nicht gefunden haben. Das ist außerordentlich kurzsichtig. Denn globale Kooperation ist angesichts des enormen Zeitdrucks, unter den uns der Klimawandel stellt, nicht nur moralisch geboten, sie bietet auch eine Reihe von Vorteilen, beginnend mit den Renditen einer grünen Ökonomie. Vor allem aber haben die Jungen in den reichen und armen Ländern unternehmerische Perspektiven.

Je demokratischer die Welt wird, lautet die Konklusion, desto eher wird auch eine neue Ära globaler Kooperation möglich, die sich endlich der drängenden Probleme des Planeten annimmt und kommenden Generationen im Süden wie im Norden eine faire Chance guten Lebens lässt. Die Europäische Union darf die Gelegenheit für eine echte Mittelmeerunion nicht erneut vertun. Das Mare nostrum, wie die alten Römer ihr Mittelmeer-Imperium nannten, ist Vergangenheit. Heute muss man an beiden Küsten jungen Menschen konkrete Zukunftsalternativen bieten und den eurabischen Beziehungen ein nachhaltiges politisches, ökonomisches und kulturelles Fundament geben. »Unser Meer« könnte das neue Integrationsprojekt heißen. Und das beinhaltet eine weitere Europäisierung unserer demokratischen Institutionen und Praktiken jenseits der nationalstaatlichen Grenzen. Nationale Alleingänge oder »Kerneuropa« sind obsolet, die aktuelle Krise treibt die Vereinigten Staaten von Europa schon aus der Not hervor. Wenn Europa sich in fast schon verzweifelter Abwehr der »Märkte« auf dem Weg über eine Wirtschaftsregierung und vergemeinschafteter Steuer- und Sozialpolitiken (und, was zu wünschen wäre, auch Energie- und Klimapolitiken) zum supranationalen Staat mausert, dann muss zur gestärkten Exekutive auch eine transnationale Demokratie hinzutreten und die Europäer sich als Volk konstituieren. In ihrer gegenwärtigen Verzagtheit und Wut wird das kaum gelingen. Der Souverän muss allen Mut zusammennehmen und über sich hinauswachsen.

Zehn Thesen zur Ermutigung

1. *Wir, das Volk,* müssen die Initiative zurückgewinnen. Zu oft reagieren wir nur auf einen politischen Apparat und dessen mediale Spiegelungen, lassen uns Sachzwänge einreden und delegieren das politische Geschäft an Profis, die wir zugleich abwerten und beschimpfen. Die über Jahrzehnte angehäuften Probleme werden weder durch die unsichtbare Hand des Marktes noch durch einen starken Staat gelöst, Bürgerinnen und Bürger müssen selbst aktiver werden.

2. *Mehr Empörung* über alle Verhältnisse, in denen Menschen erniedrigte und beleidigte Wesen sind, ist angebracht. Doch lassen wir uns von Populisten aller Couleur kein falsches, antipolitisches Wir einreden. Politik heißt Leidenschaft *und* Augenmaß *und* Verantwortung. Ein guter Teil der Empörung richtet sich gegen unsere eigene Müdigkeit und Passivität.

3. *Alle Politik ist lokal,* heißt der Wahlspruch von Graswurzeldemokraten. Aber aus dem Kiez unserer Betroffenheiten

heraus müssen wir uns Herausforderungen planetarischer Art stellen und uns nicht nur anstrengen, das Schlimmste in unserer Nähe abzuwehren, sondern auch das Bessere für die Welt von heute und für zukünftige Generationen herzustellen.

4. Wer im *Futur zwei* zu denken gelernt hat – »was wir morgen getan haben werden müssen« –, kann nicht auf äußere Anreize und Zwänge durch Märkte und Gesetzgeber warten. Politische Verantwortung beginnt im täglichen Leben, darunter der scheinbar unpolitischsten Aktivität als Käufer und Verbraucher. Sie sind die schlafenden Riesen der Demokratie; Verbraucherboykotts und intelligenter Konsum sind scharfe Waffen.

5. *Das Private ist politisch.* Jede/r kann ohne weiteren Verzug und großen Aufwand mit der Handlungsmaxime »Weniger ist mehr« experimentieren, sein eigenes Mobilitäts- und Ernährungsverhalten prüfen, die Vergeudung von Material, Energie und Flächen abstellen und die Herstellung und Vermarktung überflüssiger und schädlicher Dinge aufgeben.

6. Individuelles Handeln kann in *kollektives Lernen* münden und zur politischen Identität nachhaltiger Demokratie beitragen. Es verschafft den Pionieren des Wandels ein Gefühl der Selbstwirksamkeit und denen, die folgen wollen, das Vertrauen in die Möglichkeit einer anderen Politik.

7. Soziale Bewegung ist gut, aber ohne *Institutionen* laufen ihre Denk- und Handlungsanstöße leicht ins Leere. Dazu gehören Interessengruppen als verkannte Mittler zwischen Staat und Gesellschaft. Sie erlauben Routinen und erleichtern die Habitualisierung nachhaltiger Politik. Bürger, tretet in die Parteien ein!

8. Der *neue Gesellschaftsvertrag* verbindet den gestaltenden Staat mit mehr Bürgerbeteiligung. Er auferlegt den Bürgerinnen und Bürgern mehr ökologische und soziale Verantwortung, schafft aber zugleich mehr und neue Möglichkeiten zur Mitgestaltung, Mitwirkung und Mitentscheidung.

9. *Yes, we must!* Die Anstrengungen von Protestbewegungen zielen in der Regel auf die Beseitigung und Verhinderung unzuträglicher Infrastrukturen in der näheren Umgebung. Die Große Transformation erfordert mehr konstruktive Fantasie und Initiative und die Abwägung unmittelbar vermeidbarer Übel mit mittel- und langfristigen Gütern in der weiteren Zukunft und Umgebung.

10. *Energien für Europa.* Die sogenannte Alte Welt ist für die Bewältigung der planetarischen Aufgaben derzeit besser gerüstet als andere Regionen der Welt. Europa sollte seine Selbstverzwergung beenden und, statt ins Nationale zurückzufallen, kräftige supranationale und globale Initiativen auf Augenhöhe mit der südlichen Peripherie ins Leben rufen. Demokratie ist ein grenzüberschreitendes Projekt.

Danksagung und Nachweise

Das Buch ist entstanden im Rahmen der und in enger An-lehnung an meine Tätigkeit im *Wissenschaftlichen Beirat der Bundesregierung Globale Umweltveränderungen* (WBGU), dem ich seit 2008 angehöre. Ich danke Beiräten und Referenten für zahlreiche neue Einsichten und Anregungen; die Arbeit in diesem interdisziplinären Gremium wissenschaftlicher Politik- und Gesellschaftsberatung gehört zu dem großen Glück, das einem akademische Kooperation bieten kann. Ein besonderer Dank gilt Dirk Messner und John Schellnhuber, mit denen ich das zügige gedankliche Kurzpassspiel übe. Ebenso dankbar bin ich meinen Kolleginnen und Kollegen vom Kulturwissenschaftlichen Institut aus den Projektbereichen KlimaKultur und VerantwortungsKultur, insbesondere Harald Welzer, Ludger Heidbrink und Bernd Sommer, der meine bisweilen sprunghaften Rechercheanfragen zuverlässig bearbeitet hat und, genau wie Anne Lang, als kritischer Erstleser zur Stelle war. Für freundschaftliche Diskussionen über die Jahre hinweg danke ich Adalbert Evers.

Teile des Buches konnte ich an verschiedenen Stellen vortragen oder publizieren; Auditorien und Lesern danke ich für

Kritik und Ermutigung. Verbliebene Irrtümer und Fehlein-schätzungen gehen einzig zu meinen Lasten. Der Abschnitt *Kollektiver Burnout* im zweiten Kapitel basiert auf einem Vor-trag zur Eröffnung des Deutschen Kongresses für Psychoso-matische Medizin und Psychotherapie im März 2011 in Essen (abgedruckt in Psychologie heute, 9/2011). Für Anregungen zum vierten Kapitel danke ich den Organisatoren und Zuhö-rern von Vorträgen beim »Rauchfangswerder Gespräch« im Bertelsmann-Forum Berlin, beim »2°-Forum« im April 2011 in Berlin, bei den »Reden über Europa« im Allianz Stiftungs-forum, bei der Energieeffizienz-Agentur NRW, beim Bund Deutscher Architekten, dem Bundesverband Geothermie e.V. sowie beim Verbandstag des Bundesverbands deutscher Woh-nungs- und Immobilienunternehmen GdW im November 2010 in Berlin. Das fünfte Kapitel beruht auf einem Vortrag zum 3. Mobilitäts-Symposium der FAZ im Juli 2011 in Frank-furt/Main. Das sechste Kapitel zu den *Pionieren des Wandels* beruht auf dem sechsten Abschnitt im Hauptgutachten des WBGU 2011. Für Anregungen zum achten Kapitel danke ich Sabine Schlacke und Karin Boschert vom WBGU sowie den Organisatoren und Zuhörern der Stiftung Verantwortung in Otzenhausen, des DVPW-Kongresses in Kiel, ferner Patrizia Nanz, Brun-Otto Bryde und Hubertus Buchstein. Das zehnte Kapitel beruht auf der Alfred-Weber-Lecture im Juni 2011 in der Aula der Universität Heidelberg und wurde als »Gedanken zur Zeit« am 14.08.2011 im NDR gesendet.

Literaturverzeichnis

Aichholzer, Georg/Stefan Strauß (2010): *Beteiligung von Bürger(inne)n an lokaler Klimaschutzpolitik. Untersuchung traditioneller und elektronischer Partizipationsformen.* In: GAIA 19, H. 4, 308–310

Albert, Mathias/Klaus Hurrelmann/Gudrun Quenzel/Ulrich Schneekloth/Thomas Gensicke/Ingo Leven/Sibylle Picot/Michaela Willert (2010): *16. Shell Jugendstudie: Jugend 2010.* Frankfurt/Main

Appiah, Anthony (2011): *Eine Frage der Ehre oder Wie es zu moralischen Revolutionen kommt.* München

Arendt, Hannah (1970): *Macht und Gewalt.* München

Aristoteles (1998): *Nikomachische Ethik.* München

Bandura, Albert (1977): *Social Learning Theory.* New York

Baring, Arnulf (2002): *Bürger auf die Barrikaden! Deutschland auf dem Weg zu einer westlichen DDR.* In: FAZ, 19.11.2002

Bertelsmann-Stiftung (2010): *Bürger wollen kein Wachstum um jeden Preis.* Gütersloh

Bilharz, Michael/Vera Fricke/Ulf Schrader (2011): *Wider die Bagatellisierung der Konsumentenverantwortung.* In: GAIA 20, H. 1, 9–13

Boeri, Tito/Pietro Garibaldi (2008): *Un nuovo contratto per tutti.* Mailand

Bröckling, Ulrich (2007): *Das unternehmerische Selbst. Soziologie einer Subjektivierungsform.* Frankfurt/Main

Buchstein, Hubertus (2009): *Demokratie und Lotterie. Das Losverfahren als politisches Instrument von der Antike bis zur EU.* Frankfurt/Main – New York.

Bude, Heinz/Karsten Forscher/Sebastian Huhnholz (o.J.): *Vertrauen*.
Bad Homburg v. d. Höhe

Busse, Tanja (2006): *Die Einkaufsrevolution. Konsumenten entdecken ihre Macht*. München

Crutzen, Paul J./Eugene F. Stoermer (2000): *»The ›Anthropocene‹«*.
Global Change Newsletter

Dahl, Robert A. (1982): *Dilemmas of Pluralist Democracy. Autonomy vs. Control*. New Haven – London

Dahl, Robert A. (1989): *Democracy and its critics*. New Haven – London

Dahl, Robert A. (2000): *On Democracy*. New Haven – London

Dahrendorf, Ralf (1987): *Die Liberalen und der Gesellschaftsvertrag*.
In: Ders.: *Fragmente eines neuen Liberalismus*. Stuttgart

Durkheim, Emile (1912/1994): *Die elementaren Formen des religiösen Lebens*. Frankfurt/Main

Duve, Karen (2011): *Anständig essen*. Berlin

Economist, The (2011a): *Direct Democracy. Vox populi or hoi polloi?*
20.04.2011. London

Economist, The (2011b): *Bulletins from the Future*. Special Report
09.07.2011. London

Ehrenberg, Alain (2004): *Das erschöpfte Selbst. Depression und Gesellschaft in der Gegenwart*. Frankfurt/Main – New York

Elias, Norbert (1994): *Studien über die Deutschen. Machtkämpfe und Habitusentwicklung im 19. und 20. Jahrhundert*. Frankfurt/Main

Endreß, Martin (2002): *Vertrauen*. Bielefeld

Engelen, Eva Maria (2008): *Eine kurze Geschichte von »Zorn« und »Scham«*.
In: Archiv für Begriffsgeschichte (50), 41–73

European Institute for Public Participation (2009): *Public Participation in Europe. An international perspective*. O.O.

Evers, Adalbert (2011): *Der Kulturwandel persönlicher sozialer Dienstleistungen – Rahmengeber für Entwicklungsmöglichkeiten von Engagement*.
In: Erster Engagementbericht der Bundesregierung. Berlin

Foer, Jonathan Safran (2010): *Tiere essen*. Köln

Frankfurt, Harry (2001): *Freiheit und Selbstbestimmung. Ausgewählte Texte.* Berlin

Frevert, Ute u. a. (2011): *Gefühlswissen. Eine lexikalische Spurensuche in der Moderne.* Frankfurt/Main

Friedrich-Ebert-Stiftung 2011: *Sprichst du Politik? Ergebnisse des Forschungsprojekts und Handlungsempfehlungen.* Berlin

Fung, Archon/Mark Warren/Graham Smith (2009): *Democratic Innovations. Designing Institutions for Citizen Participation.* Cambridge

Gabriel, Karl/Hermann-Josef Große Kracht (Hrsg.) (2005): *Brauchen wir einen neuen Gesellschaftsvertrag?* Wiesbaden

Gall, Lother (1980): *Liberalismus und »bürgerliche Gesellschaft«. Zu Charakter und Entwicklung der liberalen Bewegung in Deutschland.* In: Ders. (Hrsg.): *Liberalismus.* Königstein, 162–186

Geden, Oliver (2009): *Strategischer Konsument statt nachhaltiger Politik? Ohnmacht und Selbstüberschätzung des »klimabewussten Verbrauchers«.* In: Transit 36, 132–141

GfK (2011): *Custom Research, Vertrauensindex im März und April.* Nürnberg

Göhler, Gerhard u. a. (2010): *Steuerung jenseits von Hierarchie. Wie diskursive Praktiken, Argumente und Symbole steuern können.* In: Politische Vierteljahresschrift, Bd. 51, H. 4, 691 ff.

Goerres, Achim/Guido Tiemann (2009): *Kinder an die Macht? Die politischen Konsequenzen des stellvertretenden Elternwahlrechts.* In: Politische Vierteljahresschrift, Bd. 50, H. 1, 50–74

Grin, John/Jan Rotmans/Johan Schot (2010): *Transitions to Sustainable Development. New Directions in the Study of Long Term Transformative Change.* London

Groß, Thomas (2011): *Klimaschutzgesetze im europäischen Vergleich.* In: Zeitschrift für Umweltrecht, H. 4, 171 ff.

Grunwald, Armin (2010): *Wider die Privatisierung der Nachhaltigkeit. Warum ökologisch korrekter Konsum die Umwelt nicht retten kann.* In: GAIA 19/H. 3, 178–182

Habermas, Jürgen (1992): *Drei normative Modelle der Demokratie: Zum Begriff deliberativer Demokratie.* In: Münkler, Herfried (Hrsg.): *Die*

Chancen der Freiheit. Grundprobleme der Demokratie. München – Zürich, 11–24

Hardin, Garrett (1968): *The Tragedy of the Commons.* In: Science 162 (3859), 1243–1248

Hartmann, Martin/Claus Offe (Hrsg.) (2001): *Vertrauen. Die Grundlage des sozialen Zusammenhalts.* Frankfurt/Main

Holzer, Boris (2007): *Konsum. Einführung Politik im Supermarkt.* In: Geiselberger, Heinrich (Hrsg.): *Und jetzt? Politik, Protest und Propaganda.* Frankfurt/Main, 251–267

Huntington, Samuel P. (1991): *The Third Wave: Democratization in the Late Twentieth Century.* Norman, OK

Johnson, Steven (2010): *Where Good Ideas come From. The Natural History of Innovation.* New York

Judt, Tony (2011): *Dem Land geht es schlecht. Traktat über unsere Unzufriedenheit.* München

Kersting, Wolfgang (1994): *Die politische Philosophie des Gesellschaftsvertrags.* Darmstadt

Kies, Raphael/Patrizia Nanz (Hrsg.) (2011): *European Citizens' Deliberation: A promising path for EU governance?* London

Klatt, Johanna u.a. (2011): *Entbehrliche der Bürgergesellschaft? Sozial Benachteiligte und Engagement.* Bielefeld

Kluge, Alexander (2011): *Das Bohren harter Bretter. 133 politische Geschichten.* Frankfurt/Main

Koopmans, Rudd/Paul Statham (Hrsg.) (2010): *The Making of a European Public Sphere: Media Discourse and Political Contention.* Cambridge

Kraushaar, Wolfgang (2011): *Protest der Privilegierten?* In: Mittelweg 36, 20/3, 5 ff.

Kristof, Kora (2010): *Wege zum Wandel. Wie wir gesellschaftliche Veränderungen erfolgreich gestalten können.* München

Küstenmacher, Marion/Werner Tiki Küstenmacher (2011): *Simplify your life. Endlich mehr Zeit haben.* München

Lange, Klaus (Hrsg.) (1997): *Gesamtverantwortung statt Verantwortungsparzellierung im Umweltrecht.* Baden-Baden

Leggewie, Claus (1997): *America first. Der Fall einer konservativen Revolution.* Frankfurt/Main

Leggewie, Claus/Christoph Bieber (2003), *Demokratie 2.0. Wie tragen neue Medien zur demokratischen Erneuerung bei?* In: Offe, Claus (Hrsg.): *Demokratisierung der Demokratie. Diagnosen und Reformvorschläge.* Frankfurt/Main, 124–151

Leggewie, Claus/Harald Welzer (2010): *Das Ende der Welt, wie wir sie kannten. Klima, Zukunft und die Chancen der Demokratie.* Frankfurt/Main

Lepsius, Oliver/Reinhart Meyer-Kalkus (Hrsg.) (2011): *Inszenierung als Beruf. Der Fall Guttenberg.* Berlin

Linden, Markus (2009): *Die politische Repräsentation von Fremden und Armen.* Baden-Baden

Linden, Markus (2010): *Der Wert der Repräsentation.* In: FAZ, 01.12.2010

Loos, Adolf (2000): *Ornament und Verbrechen.* In: Ders.: *Ornament und Verbrechen. Ausgewählte Schriften. Die Originaltexte.* Wien, 192–202

Luhmann, Niklas (2000): *Vertrauen. Ein Mechanismus der Reduktion sozialer Komplexität.* Stuttgart

Maier, Hans (1988): *Vertrauen als politische Kategorie.* Augsburg

Mansbridge, Jane (2003): *Rethinking representation.* In: American Political Science Review 97 (4), 515–528

Marshall, Monty G./Benjamin R. Cole (2009): *Global Report 2009. Conflict, Governance, and State Fragility.* Wien

Meier, Christian (2001): *Die Entstehung des Politischen bei den Griechen,* Frankfurt/Main, 4. Aufl.

Menke, Christoph/Juliane Rebentisch (2011): *Kreation und Depression. Freiheit im gegenwärtigen Kapitalismus.* Berlin

Merkel, Wolfgang (2011): *Entmachten Volksentscheide das Volk? Anmerkungen zu einem demokratischen Paradoxon.* In: WZB Mitteilungen 131, Berlin, 10–13

Meusburger, Peter u. a. (Hrsg.) (2009): *Milieus of Creativity. An Interdisciplinary Approach to Spatiality of Creativity.* O. O.

Mitscherlich, Alexander (1966): *Krankheit als Konflikt. Studien zur psychosomatischen Medizin 1.* Frankfurt/Main

Nanz, Patrizia/Miriam Fritsche (2011): *Handbuch Bürgerbeteiligung. Verfahren und Akteure. Chancen und Grenzen.* Berlin

Nullmeier, Frank (2006): *Politik und Emotion.* In: Schützeichel, Rainer (Hrsg.): *Emotionen und Sozialtheorie.* Frankfurt/Main – New York, 84–103

Offe, Claus (Hrsg.) (2003): *Demokratisierung der Demokratie. Diagnosen und Reformvorschläge.* Frankfurt/Main

Offe, Claus (2003): *Wie können wir unseren Mitbürgern vertrauen?* In: Hartmann, Martin/Claus Offe (Hrsg.): *Vertrauen, Die Grundlage des sozialen Zusammenhalts,* Frankfurt/Main, 241–294

Offe, Claus/Bernd Guggenberger (1984): *An den Grenzen der Mehrheitsdemokratie. Politik und Soziologie der Mehrheitsregel.* Opladen

Ortony, Andrew/Gerald L. Clore (1988): *The cognitive structure of emotions.* Cambridge – New York

Osterhammel, Jürgen (2009): *Die Verwandlung der Welt. Eine Geschichte des 19. Jahrhunderts.* München

Patzelt, Werner (2011): *Die Stimme des Volkes.* In: FAZ, 02.06.2011

Pfaller, Robert (2011): *Wofür es sich zu leben lohnt: Elemente materialistischer Philosophie.* Frankfurt/Main

Polanyi, Karl (1944/1997): *The Great Transformation. Politische und ökonomische Ursprünge von Gesellschaften und Wirtschaftssystemen.* Frankfurt/Main

Priddat, Birger (2010): *Klimawandel. Das Ende der geotopologischen Identität.* In: Harald Welzer u. a.: *KlimaKulturen. Soziale Wirklichkeiten im Klimawandel.* Frankfurt/Main, 81–96

Reemtsma, Jan Philipp (2009): *Vertrauen und Gewalt. Versuch über eine besondere Konstellation der Moderne.* München

Reichel, André/Frauke Goll/Lukas Scheiber (2009): *Linking Sufficiency and Business. Utility Systems Engineering in Producer-Consumer-Networks.* Ms. Chicago

Rockström, Johan et al. (2009): *A safe operating space for humanity*. In: Nature 46, 472–475

Roth, Roland (2011): *Bürgermacht. Eine Streitschrift für mehr Partizipation.* Hamburg

Sahr, Aaron/Philipp Staab (2011): *Bahnhof der Leidenschaften.* In: Mittelweg 36, 20/3, 23 ff.

Schaal, Gary S./Claudia Ritzi (2008): *Rationale Selbstbindung und die Qualität politischer Entscheidungen – liberale und deliberative Perspektiven.* In: Schaal, Gary S. (Hrsg.): *Rationale Selbstbindungen.* Berlin, 55–74

Schaal, Gary S./Claudia Ritzi (2009): *Empirische Deliberationsforschung.* Köln

Schelsky, Helmut (1976): *Die politische Ohnmacht des Verbrauchers.* In: Ders.: Der selbständige und der betreute Mensch. Stuttgart, 57–80

Schmidt, Manfred G. (2003): *Lehren der Schweizer Referendumsdemokratie.* In: Offe, Claus (Hrsg.): *Demokratisierung der Demokratie. Diagnosen und Reformvorschläge.* Frankfurt/Main, 111–123

Schneider, Manfred (2010): *Das Attentat. Kritik der paranoischen Vernunft.* Berlin

Schützeichel, Rainer (Hrsg.) (2006): *Emotionen und Sozialtheorie,* Frankfurt/Main – New York

Siebenhüner, Bernd (2011): *Kann die Politik es richten? Konsument(inn)en als politische Akteure.* In: GAIA 20/H. 1, 14–16

Sintomer, Yves (2010): *Random Selection, Republican Self-Government, and Deliberative Democracy.* In: Constellations, Bd. 17, H. 3, 472–487

Sloterdijk, Peter (2006): *Zorn und Zeit.* Frankfurt/Main

Stern, Nicholas (2006): *The Economics of Climate Change.* Cambridge – New York

Sunstein, Cass R./Richard H. Thaler (2008): *Nudge. Improving Decisions About Health, Wealth, and Happiness.* New Haven

Tilly, Charles/Sidney Tarrow (2007): *Contentious Politics.* Boulder/CO – London

Umweltbundesamt (2010): *Leitfaden Klimaschutz im Stadtverkehr*. Dessau

Vester, Heinz-Günter (2006): *Die soziale Organisation emotionaler Klimata*. In: Schützeichel, Rainer (Hrsg.): *Emotionen und Sozialtheorie*. Frankfurt/Main – New York, 240–255

Walzer, Michael (1999): *Deliberation, and What Else?* In: Macedo, Stephen (Hrsg.): *Deliberative Politics. Essays on Democracy and Disagreement*. New York

Warren, Mark E./Hilary Pearse (2008): *Designing Deliberative Democracy: The British Columbia Citizens' Assembly*. Cambridge

Winkler, Joachim (2011): *Ehrenamtliche Arbeit und Zivilgesellschaft*. Wismar

Wissenschaftlicher Beirat der Bundesregierung Globale Umweltveränderungen (2009): *Kassensturz für den Weltklimavertrag – Der Budgetansatz*. Berlin

Wissenschaftlicher Beirat der Bundesregierung Globale Umweltveränderungen (2011): *Welt im Wandel: Gesellschaftsvertrag für eine Große Transformation*. Berlin

Mehr Demokratie wagen

Mehr denn je engagieren sich Bürgerinnen und Bürger in Initiativen und Projekten, überall dort, wo sie Gesellschaft wenigstens im Kleinen mitgestalten können. Damit ist viel gewonnen, aber lange nicht genug, stellt der Sozialwissenschaftler Roland Roth fest. Das Prinzip der repräsentativen Demokratie stößt an seine Grenzen, nötig ist eine strukturelle Aufwertung der Bürgerbeteiligung. Die Bürgerinnen und Bürger müssen selbstbewusst neue Wege der Mitgestaltung einfordern, und die Politik muss bereit sein, die Kompetenzen der Bürger anzuerkennen und Macht zu teilen. Roland Roth vereint Theorie und Praxis der Partizipation, benennt die gesellschaftlichen Voraussetzungen und präsentiert Erfolgs geschichten zwischen Brandenburg und Brasilien. Denn: Nur das Wissen und das Engagement der Vielen macht unsere Gesellschaft zukunftsfähig.

Roland Roth
Bürgermacht
Eine Streitschrift für mehr Partizipation

328 Seiten | Klappenbroschur | 13 x 20 cm
ISBN 978-3-89684-081-3 | Euro 16,- (D)

www.edition-koerber-stiftung.de

Starke Netzwerke

Mehr als je zuvor brauchen wir Menschen, die gemeinsam eine lebenswerte und gerechtere Gesellschaft entwerfen. Doch wie gewinnt man Mitstreiter? Wie kann die Zivilgesellschaft gestärkt werden, wie lassen sich Visionen und Entwürfe umsetzen? Community Organizing ist ein in den USA seit Jahrzehnten erfolgreich praktizierter Ansatz, der Menschen eines Stadtteils oder einer Kommune dauerhaft miteinander vernetzt, um effektiv Einfluss nehmen zu können. Zahlreiche Einzelgespräche mit Anwohnern, Mitgliedern von Kirchen und Verbänden sowie mit lokalen Entscheidungsträgern bilden die Grundlage handlungsfähiger Bürgerplattformen. Durch dieses Engagement erfahren Menschen ihre Kompetenz, treten für ihre Belange ein und verbessern nicht zuletzt ganz konkret ihre Lebensbedingungen.

Leo Penta (Hrsg.)
Community Organizing
Menschen verändern ihre Stadt
Amerikanische Ideen in Deutschland VIII

256 Seiten mit 87 s/w-Abbildungen
Softcover | 17 x 24 cm
ISBN 978-3-89684-066-0 | Euro 16,– (D)

www.edition-koerber-stiftung.de

Körber-STIFTUNG
Forum für Impulse

edition Körber-STIFTUNG

BegegnungsCentrum
HAUS im Park

KörberForum
Kehrwieder 12

BERGEDORFER
GESPRÄCHSKREIS

Internationale Politik, Bildung, Wissenschaft, Gesellschaft und Junge Kultur: In diesen Bereichen ist die Körber-Stiftung mit einer Vielzahl eigener Projekte aktiv. Bürgerinnen und Bürgern, die nicht alles so lassen wollen, wie es ist, bietet sie Chancen zur Mitwirkung und Anregungen für eigene Initiativen.
1959 vom Unternehmer und Anstifter Kurt A. Körber ins Leben gerufen, ist die Stiftung heute mit eigenen Projekten und Veranstaltungen von ihren Standorten Hamburg und Berlin aus national und international aktiv.

Boy Gobert Preis

Körber-Netzwerk
Außenpolitik

USABLE
TRANSATLANTISCHER
IDEENWETTBEWERB

JUNGE REGIE STUDIO
KÖRBER

KÖRBER
 **Foto Award**

HAMBURGER TULPE
für interkulturellen Gemeinsinn

 **Deutscher Studienpreis**
Der Wettbewerb für junge Forschung

Eustory
History Network for Young Europeans

KÖRBER-PREIS
FÜR DIE EUROPÄISCHE
WISSENSCHAFT

Geschichtswettbewerb
des Bundespräsidenten
Jugendliche forschen vor Ort

KiWiSS ·
Wissenschaft für Kinder
und Jugendliche

Schultheater
der Länder